★成功经理人365天管理笔记系列(服务业经理人)

餐厅楼面经理

CANTING LOUMIAN JINGLI

时代华商管理培训中心◎策划

滕宝红◎主编

365

365 TIAN GUANLI BIJI

◆采用“一日管理 + 一周管理 +一月管理+ 季度管理+ 全年管理”编写风格，图文并茂、形式活泼。

◆内容阅读采用PDCA循环法，通过时间安排、工作重点、管理方法、管理心得四个部分为一个完整循环的学习方式进行导读。

◆本丛书编排新颖，思路清晰，是企业经理人不可多得的管理用书。

作为一本职业经理人的学习管理笔记，该书能指引经理们每天有计划地安排时间，认真记下工作中的琐事，再把自己想做的事情、计划做的事情、没有解决的问题记录下来，并定期检视，从而使他们成为一名成功的经理人。

SPM

南方出版传媒

广东经济出版社

·广州·

图书在版编目（CIP）数据

餐厅楼面经理365天管理笔记／时代华商管理培训中心策划，滕宝红主编．—广州：广东经济出版社，2014.7

（成功经理人365天管理笔记系列．服务业经理人）

ISBN 978－7－5454－3494－1

Ⅰ．①餐…　Ⅱ．①时…②滕…　Ⅲ．①餐馆—商业管理　Ⅳ．①F719.3

中国版本图书馆CIP数据核字（2014）第153979号

出版发行	广东经济出版社（广州市环市东路水荫路11号11～12楼）
经销	全国新华书店
印刷	中山市国彩印刷有限公司（中山市坦洲镇彩虹路3号）
开本	787毫米×1092毫米　1/16
印张	11.75
字数	223 000字
版次	2014年7月第1版
印次	2014年7月第1次
印数	1～4 000册
书号	ISBN 978－7－5454－3494－1
定价	28.00元

如发现印装质量问题，影响阅读，请与承印厂联系调换。

发行部地址：广州市环市东路水荫路11号11楼

电话：（020）38306055　38306107　邮政编码：510075

邮购地址：广州市环市东路水荫路11号11楼

电话：（020）37601950　邮政编码：510075

营销网址：**http：//www.gebook.com**

广东经济出版社常年法律顾问：何剑桥律师

前　言

作为企业中坚力量的部门经理（店长），在企业中起着承上启下的作用，其职业素质、管理能力和领导能力决定了企业发展的速度，决定了企业能否培养出一支优秀的员工队伍，决定了能否有效达成企业经营目标和提高业绩。

部门经理（店长）是企业的执行者，由于各种原因，部门经理在管理工作中会出现许多问题：要么缺乏规划，没有重点，看起来每天都很忙，但不知在忙什么，忙得没有效果；要么严重缺乏执行力，领导的意图总是贯彻不到位或者未及时落实；又或者不懂得设定目标，没有掌握达成目标的有效方法等。

出现这些问题的根本原因是，企业部门经理（店长）不会在年初做规划，不会在季初、月初、周初做计划，不会合理地安排下属的工作，不会合理地运用自己每天的工作时间，不会有效地跟进部门各项工作，不会在月末、季末、年末的时候做总结报告。当然，还有一些新上任的部门经理（店长）甚至不知道自己该在什么时候做计划、该在什么时候跟进工作、该在什么时候写总结，而只是被动地听从上级安排，这自然不是一个优秀的部门经理（店长）应有的表现。

针对企业部门经理（店长）的困境，我们特意策划设计了“成功经理人365天管理笔记”系列丛书，旨在引导部门经理（店长）每日、每周、每月、每季、每年（年末）应当做的事情及做这些事情的方法、技巧及应用的表格、表单和工具。

“成功经理人365天管理笔记”系列丛书目前主要涵盖10个管理岗位，包括汽车4S店店长、汽车美容店店长、便利店店长、婚纱影楼店店长、服装店店长、房地产中介门店店长、家居建材门店店长、餐厅楼面经理、物业保安主管、物业管理处主任。

“成功经理人365天管理笔记”系列丛书编排新颖，思路清晰，是经理人不可多得的管理用书。该系列丛书打破传统书籍的理论讲述，不讲为何做，而讲怎样做，注重实操性。书中提供了大量工作总结、工作计划范例以及可以直接运用到实际工作中的表单。

为了方便读者学习，本书在一些重点内容或者需要注意的内容旁边设置了“特别提示”栏目，方便读者注意重点、要点，加深学习印象。同时，本书在页面的右方设置了“随手札记”栏目，供读者随时记录学习心得。请不要将这些表格忽略，要认真投入思考并记录下来，这绝对会有助于各方面能力的提升。

作为一名部门经理（店长），本书可使您通过每天有计划地安排时间，记录工作中的琐事，通过找方法，一步一步解决问题，再把自己想做的事情、计划做的事情、没有解决的问题记录下来，去寻找解决的办法，定期检视，使自己成为一名成功的经理人。

“成功经理人365天管理笔记”系列丛书适用于企业部门经理（店长）、主管、领班，新入职的大中专学生，管理培训机构，职业管理院校的学生等阅读，也可作为管理人员的手边工具书使用。

当然，本系列丛书也有不足之处，希望广大读者对我们提出宝贵意见。在此，我们所有编者对您的关注予以真诚的感谢！

“成功经理人365天管理笔记”系列丛书

编委会

目　录

第一章　如何安排与落实一日工作

忙！忙！忙！

忙些啥

忙着进行店面巡视检查，忙着召开各种临时会议，忙着检查各种报表，忙着应对顾客投诉，忙着批阅各种申请报告，忙着准备员工的绩效考核……

作为餐饮店店长的你，是不是处于以上所述盲目的忙乱状态呢？如果是，那么你就需要做好每天的工作计划了，只有按照详细计划一步步来，才能条理清晰而不至于在手忙脚乱中出差错。相信通过本章的学习，你一定能摆脱这种“穷忙”的困境

第二章 如何安排与落实一周工作

新的一周又开始了，该怎样来做好这一周的工作呢？仔细想想，本周有哪些主要工作：要对新入职员工进行指导；要对楼面部安全、卫生等情况进行检查；需要为部门经理周例会作准备……

惨啦！事情这么多，怎样才能理清呢？仔细看看，哪些必须在第一时间内完成，哪些可以稍微往后延……

如果你每周都处于这种忙碌“晕”的状态，那就要做好一周工作安排与落实。通过本章学习，相信你一定可以远离这种状态，从而让工作更加有条理，更加轻松愉快！

第三章 如何安排与落实月度工作

餐饮店楼面经理工作事情多且杂，需要与各个部门沟通协调，如果没有按时做好工作，就会影响其他部门正常运转。如没有及时与厨房部沟通，就会导致客人投诉。

每个月的工作有常规的，也有突发的，楼面经理要做到让自己忙而不乱，井井有条，就必须做好工作安排。

第四章 如何安排与落实季度工作

季度工作的安排，属于宏观性的，要对一个季度的重点事项做到心中有数。才能按照季度安排做好每月、每周甚至每一天的工作。

作为餐饮店楼面经理，每一季度重点工作都需要有所侧重。但是总的来说，每一季度的工作中又有重复的事情。要想让自己更加从容应对，你可以将自己每一季度工作都做好安排。

第五章　如何安排与落实年度工作

年终又到了，楼面经理又要开始对本年度餐饮部工作进行总结，同时要制订下一年度计划，实行年终部门大检查……

这个时候可以说是餐饮店楼面经理忙得团团转的时候。

其实，你也可以不用让自己显得如此忙碌，怎么办？

提前将年终各项工作做好安排，就可以让每件事情按照计划进行。当然，预留一定的时间来应对突发事件，可以让你在年终更好地完成各项工作。

导读

365天阶段管理，让你工作更轻松

一、一年365天的时间分配

一年365天，时间是有限的，要怎样进行合理分配呢？作为餐饮店楼面经理，这是一个必须要考虑的问题。

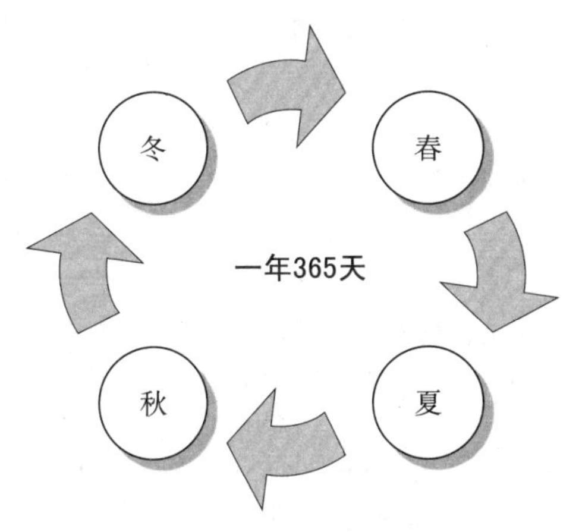

图1　一年365天循环图

二、国家法定节假日

楼面经理要对时间进行合理分配，首先要明确一年中的国家法定节假日。因此，可以先将一年中的国家法定节假日分列出来。一年中常规的国家法定节假日如表1所示。

表1　国家法定节假日

序号	假日名称	放假天数	日期
1	元旦	1天	1月1日
2	春节	3天	农历正月初一、初二、初三
3	清明节	1天	4月5日
4	劳动节	1天	5月1日
5	端午节	1天	农历端午节当日
6	中秋节	1天	农历中秋节当日
7	国庆节	3天	10月1～3日

三、工作时间

工作时间，又称法定工作时间，是指员工为履行工作义务，在法定限度内，在用人单位从事工作或者生产的时间。

（一）工作时间计算

年工作日：365天－104天（休息日）－11天（法定节假日）=250天

季工作日：250天÷4=62.5天

月工作日：250天÷12=20.83天

（二）有效工作时间

有效工作时间就是称职员工完成一件工作的必需时间。如果上班时间为8小时，那么通常情况下，大多数员工的有效工作时间是达不到8小时的，必须扣除等待、无意义的闲聊、串岗或处理私事的时间。

四、阶段工作法

楼面经理可以采用阶段工作法对工作进行安排。什么是阶段工作法呢？这里所说的阶段指的就是一日、一周、一月、一季度、年度各个不同的时间段。

楼面经理对每日、每周、每月、每季度和每年度的工作进行规划，做好时间及工作事项安排，对工作进行分阶段总结。

表2 楼面经理阶段工作安排

阶段	工作事项	备注	阶段	工作事项	备注
一日	一、如何制订当日工作计划 二、做好营业前检查 三、楼面早会管理 四、做好开餐前检查 五、及时与厨房核对沽清菜品 六、就餐环境检查 七、楼面现场控制 八、突发事件应急处理		一周	一、制订一周工作计划 二、主持部门周例会 三、参加部门经理周例会 四、定期检查餐厅卫生 五、定期检查餐厅食品安全 六、定期检查餐厅设备 七、进行客人意见调查 八、每周工作总结	
月度	一、制订月度工作计划 二、制定每月排班表 三、在岗员工培训 四、为特殊客人提供特殊服务 五、巧妙应对常见问题 六、员工月度绩效考核 七、开展服务质量评估 八、每月工作总结		季度	一、制订楼面部季度目标计划 二、新员工招聘管理 三、新入职员工培训 四、餐厅广告营销管理 五、餐厅跨界营销 六、餐厅网络营销管理 七、餐厅店内营销管理 八、做好销售成本控制 ……	
年度	一、年度工作总结与下一年计划 二、制订年度工作计划 三、编制年度培训计划			四、建立对客服务质量标准 五、编制全年假日促销方案 六、编制假日促销方案	

第一章

如何安排与落实一日工作

忙！忙！忙！

忙些啥？

忙着进行店面巡视检查，忙着召开各种临时会议，忙着检查各种报表，忙着应对顾客投诉，忙着批阅各种申请报告，忙着准备员工的绩效考核……

作为餐饮店店长的你，是不是处于以上所述盲目的忙乱状态呢？如果是，那么你就需要做好每天的工作计划了，只有按照详细计划一步步来，才能条理清晰而不至于在手忙脚乱中出差错。相信通过本章的学习，你一定能摆脱这种“穷忙”的困境！

一、如何制订当日工作计划

楼面经理在制订当日工作计划前，要对当日的时间和工作事项进行仔细分析。根据工作事项的紧急性、重要性按先后顺序排列，重要和紧急的最先做，不重要和不紧急的放在最后做，以保证所有事项都能恰当而圆满地完成。

（一）时间清单分析

楼面经理可以将一天的法定工作时间，按照每半小时为一段，进行分段，然后逐项将实际活动事项填入“时间清单分析表”中，如表1-1所示。在活动事项后面，准确填入该活动事项相应的计划用时、实际用时、超时以及超时原因。

（二）工作事项分析

1．工作清单分析

楼面经理分析一个法定工作日内所做的工作事项，各自用时如何，如果超时，

表1-1　时间清单分析表

姓名：　　　　　　　　　　　　　　　　日期：

序号	时间	活动事项	计划用时	实际用时	超时	原因
1	10:00～10:30					
2	10:30～11:00					
3	11:00～11:30					
4	11:30～12:00					
5	12:00～12:30					
6	12:30～13:00					
7	13:00～13:30					
8	13:30～14:00					
9	16:00～16:30					
10	16:30～17:00					
11	17:00～17:30					
12	17:30～18:00					
13	18:00～18:30					
14	18:30～19:00					
15	19:30～20:00					
16	20:30～21:00					
17	21:00～21:30					
18	21:30～22:00					
总计						

备注：由于行业的特殊性，餐饮店在正常情况下，每天14:00～16:00是空档时间

找出原因在哪儿。这可以采用工作清单分析表（表1-2）进行明确分析。

表1-2　工作清单分析表

姓名：　　　　　　　　　　　　　　　　日期：

工作事项	计划时间	实际时间	浪费/延误	无计划用时	原因

（1）楼面经理可将所有工作填入“工作事项”栏，包括累计用时超过10分钟的工作。如果没有超过10分钟可以不填入，如果这些事项累计时间超过1小时，就要引起重视，应该在分析表中特别注明。正常事项如检查昨日现金流量表，上午20分钟，下午30分钟，可以将此累计在报表检查这一事项中。

（2）楼面经理要填入具体事项，如“检查楼面卫生情况”“听取领班对昨日情况的汇报”“处理客人投诉”等。

（3）楼面经理只要简单说明浪费、延误的原因即可。如与离职员工面谈，预计30分钟，但由于没有把握好本次商谈用时，结果花了40分钟，超时10分钟。

2．工作（活动）分项分析

（1）楼面经理可以将工作清单中的同类事项进行合并，然后填入工作（活动）分项分析表中，如表1-3所示。

随手札记

表1-3　工作（活动）分项分析表

姓名：　　　　　　　　　　　　　　　　　　日期：

分析事项	计划用时		实际用时		浪费/延误		无计划用时		原因
	用时	排序	用时	排序	用时	排序	用时	排序	
召开楼面部门早会									
楼面现场巡视									
查看去年同期营业情况									
处理火灾等紧急事件									
签署各类需楼面经理批准的文件									
在员工之间进行协调工作									
进行楼面安全检查									
……									
总计									

（2）“无计划用时”只计算无计划用时总计数。各项工作活动的无计划用时，是指该项工作活动的实现没有计划时间。

（3）凡是超计划用时或者是记不起来的用时均计入“浪费/延误”中。

3．工作紧急性分析

楼面经理分析出每天各项工作的紧急程度，根据不同程度安排工作先后顺序。可以将工作事项紧急性分为四类，将当日工作进行分类安排，列出一张分析表，如表1-4所示。

4．工作重要性分析

楼面经理将当日工作事项根据重要程度，合理地安排工作用时。同紧急性一样，将工作事项分为四类，即非常重要、重要、不很重要、不重要，如表1-5所示。

（三）制订每日计划表

楼面经理根据前面对工作时间和工作事项的分析，就可以制订一份个人每日工

表1-4　工作紧急性分析表

姓名：　　　　　　　　　　　　　　　　　　　　　　日期：

紧急性 工作事项	非常紧急（马上要做）	紧急（短时间内要做）	不很紧急（可从长计议）	不紧急（无时间要求）
设备出现问题，导致无法工作	√			
报告店长，安排维修人员设施设备进行检查		√		
编制楼面部门下月排班表		√		
向店长申请招聘新员工				√
……				

备注：在相应的栏目下打“√”。

表1-5　工作重要性分析表

姓名：　　　　　　　　　　　　　　　　　　　　　　日期：

重要性 工作事项	非常重要（绝对要做）	重要（应该做）	不很重要（可做可不做）	不重要（可不做）
与店长商讨人员招聘情况		√		
对客人投诉问题予以处理		√		
对楼面设备进行大检查	√			
制定员工交接班管理制度			√	
……				

备注：在相应的栏目下打“√”。

作计划表。每日计划表可以按照不同标准来制作，如按照时间或工作事项的紧急重要性等。现在，你可以制订一份自己的每日工作计划表，对自己一天事项进行合理安排。

二、做好营业前检查

楼面经理在每日营业前，需要对餐厅进行检查，对于不合格的项目，要即时安排专人清理，直至符合标准为止。如果遇到重点情况要汇报至楼面经理，并及时解决问题。在此，提供两份餐厅楼面营业前检查表，仅供读者参考。

三、楼面早会管理

（一）早会准备

在开早会前，楼面经理一定要做好各项准备工作，例如明确早会的主题，明确

【范例 1-01】

每日检查表（营业前）

检查日期：　　检查时间：　　检查人：

名称	日期/时间	检查内容	检查结果	执行人	备注
员工		制服是否干净、整洁			
		是否正确佩戴员工牌			
		皮鞋是否干净无破损			
		头发是否标准整齐			
		是否按要求上妆（如口红、头花）			
日常工作		每日报表是否按规定摆放并整洁			
		签到簿是否干净、整洁、无破损			
		分区表是否放置在固定位置			
		厨房是否已提供每日清单			
		广告资料是否按规定摆放			
		电话机是否正常运作及干净			
		阅读交班薄内容，并跟进交班工作			

【范例 1-02】

每日检查表（营业前）

检查日期：　　　　　　检查时间：　　　　　　检查人：

检查项目	检查标准	检查结果
交接本	认真阅读工作日志，及时向员工通告相关信息，看当天预订信息	
排班表	足够的员工安排	
员工	按时到岗，仪容仪表服务符合要求	
鞋子，袜子	皮鞋光亮，餐厅规定袜子	
工装	干净，熨烫平整	
铭牌	佩戴整齐，胸部左上方	
饰物	除结婚戒指外其他的禁止佩戴	
迎宾台	整洁，没有污迹，预订本内容完整	
系统	是否打开在指定界面，相对应的打印机是否开启并有足够的纸卷	
灯光	按照要求开放，检查不亮或闪烁的灯， 所有的壁灯和装饰灯正常亮	
音乐	规定音乐和音量	
空调	温度23℃，风速 2	
地面	干净，无水迹、地毯无污迹，无残渣	
窗台	干净，无杂物，无污迹	
家具	清洁、光亮，无破损	

（续表）

检查项目	检查标准	检查结果
餐台	桌子按照要求摆放整齐、平稳、无摇晃	
椅子	椅子干净无污迹、无破损、不摇晃，摆放距离均匀，不能太拥挤	
餐垫	餐垫干净、整洁，与桌边齐平，间距相等	
餐巾	干净、整洁，折缝向内，无污渍和破损，折叠整齐摆放在骨碟正中	
不锈钢刀、叉、勺	干净、整洁、无指纹、无水剂	
玻璃杯	干净、整洁、无指纹、无水迹，光亮	
烟灰缸	擦拭干净无破损	
托盘	干净、无污渍、按数量摆放好	
胡椒、盐瓶	干净、新鲜、保证是八分满的	
牙签盅	干净、无污渍、按数量摆放好	
电视机	擦拭干净、遥控板摆放在电视机的正前方	
工作落台	按标准摆放餐具用具、干净、整洁、无污渍	
餐车	干净，无污垢，按规定摆放好	
制冰机	是否正常运作	
酱料	是否新鲜，准备好	
餐具	是否齐备、干净无污迹、无破损	
托盘	有托盘垫、干净无破损	

需要讲的主要事项。同时，要查阅相关的报表，以便及时发现问题，进行处理。

1．早会主题确定

早会要注意主题鲜明，重点明确。如何让员工对早会不厌烦，这就需要早会的主题常换常新。楼面经理可以每周确定一个主题，然后主题以不同的形式表现出来，从一定程度上可以加深员工对这个主题的理解。

2．早会内容需明确

不同的餐厅，早会的内容不一样，一般的早会主要包括七个方面，具体如表1-6所示。

表1-6　早会内容

序号	类别	具体说明
1	确认出勤	通过早会可以确认出勤状况，哪些员工到了，哪些员工没有到，一目了然。而确认出勤的方式是点名。点名便于确认人员到会情况和出勤情况
2	齐呼口号	可以根据需要，由值日员工领呼口号。因为口号可以振奋精神，提升士气
3	分享个人感想	由值日员工与大家分享个人的工作经验、心得体会、自我反省、工作建议等。要求值日员工的讲话内容必须主题明确、表达完整，时间至少要2～3分钟。让员工轮流主持早会，给予员工总结经验、表达意见和建议的机会，这是民主管理的有效途径，有利于提高员工的工作意识、集体观念和凝聚力
4	工作总结	由早会主持者请出负责人讲话。首先要对头一天的工作进行总结。总结前一天的工作，可以从以下几方面进行：有没有未完成的任务，有没有未达到的目标，有没有异常情况，有哪些变化点，以及上述情形带来的反省和要求等
5	制定目标	楼面经理要分解年度目标到月目标，再到周目标，最后是分解到每天的目标。如果将每天的目标完成，连起来就是一个良好、复杂的营销系统，就可以化整为零的完成年度指标。每天的目标又可以具体的落实到每位员工，比如某某今天的目标是个人销售额达到300元，对于超额完成的员工，可以在早会中予以表扬并总结经验。
6	服务跟进	早会需要强调服务的跟进，因为如果客人得不到他所期望的或更好的服务，就可能不会再次光临。另外，客人会相互交流信息。据调查，客人吸引一个新客人所要花费的费用是保持一个老客人的6倍。服务不好不仅仅是影响当前的效益，更重要的是会影响到将来的经营状况
7	交代特别事项	早会结束之前，不要忘记问一句：“请问大家还有没有其他事项？”如果有，就请提议的员工补充说明一下，这样，可以避免该通知的没通知、该提醒的没提醒的情况的发生；如果没有，即可宣布结束早会

（二）严格控制时间

早会的时间一般要控制在20分钟之内，在这期间有固定的项目要做，每个项目的时间通常有规定，往往长篇大论，讲到最后员工都觉得乏味。

通常在早会流程中，留给楼面经理做工作总结和安排的时间只有5～10分钟，这就要求严格控制好时间。要想控制好早会的时间，要做到以下三点：

1．把握好早会的主题

早会一定要有主题，千万不要漫无目的地聊天，而且聊的都是与工作无关、与主题无关的事情。这样不但浪费了宝贵的时间，还会使人心涣散。作为楼面经理，一定要清楚每次早会的主题是什么。在早会的过程中如果有人试图将话题引向其他方面，楼面经理应立即阻止。

2．为早会规定节奏

对于早会的程序、早会的主题，要使之成为标准，并要让所有员工都清楚。比如说，副楼面经理汇报、安排工作5分钟，优秀员工分享2分钟，新员工自我介绍1分钟，在开会过程中可以这么说："下面请×××分享他的经验，时间定在两分钟。""下面请我们新来的员工×××做1分钟的自我介绍。"

楼面经理在计划早会的时候，要把各个项目的时间考虑进去，比如说今天你打算做一个培训团队精神的游戏，时间3分钟，你就要在选游戏的时候考虑该游戏花多少时间，花时间太长的就不能选用；同样，如果你要在早会中讲一个有关员工忠诚的故事，则要事先将这个故事精简，不要10分钟还讲不完。

3．合理、灵活地调整早会节奏

不管计划做得多好，还是有可能要对会议进行随机的调整。这样的情况有两种：

（1）某个项目（议题）提前完成。某个项目提前完成，则应立即结束已经达到目的早会项目，比如说，团队游戏提前1分钟做完了，就结束游戏，并不一定要拖延到3分钟才结束。

（2）某个项目（议题）的内容很有价值需深入讨论。当某个项目的内容出现有价值的东西时，也可以对原有计划做适当的"有计划的拖延"，以便使早会取得

随手札记

更好的效果。

（三）保持互动，达到效果

1．早会站的样式

很多早会，只是单纯地由楼面经理讲话，员工站在前面被动地听，这样的早会效果绝对不会好。早会通常采用站两排或三排的方式，楼面经理与员工面对面，其实这种形式不太好，容易给人形成对立的感觉。

开早会的时候最好是站一个“苹果”形。“苹果”形会议是最好的，因为每个都离得非常近，当站成一个“苹果”形时，会有明显的互动气氛，这样，效果肯定会好很多。

2．鼓励员工参与

开早会一定要鼓励员工参与，让员工做主角，而不是楼面经理一言堂。让员工参与的方式有很多，如让员工轮流来主持早会、隆重邀请新员工做自我介绍。这样，员工会有投入感与参与感，能够让所有员工都参与进来。

3．让员工积极发言

楼面经理可以提出一些问题来，让员工踊跃发言。由于员工积极地发言，问题的解决方案就出来了，同时，员工一定觉得这个早会好，因为每个人都是主角。

4．复述方法

比如说，在讲完某个事情之后，为了形成良好的互动气氛，请其中一个员工来复述一下，这样就可以检验一下大家是否了解了。当员工遇到一些问题时，可以是楼面经理来回答，也可以是其他的员工来回答。

5．促进员工之间的分享

早会可以多促进员工之间的分享，员工之间的分享是一个提升荣誉感的很好机会。做得好（产量高、质量高）的员工会觉得这是个荣誉，做得不太好的员工看到以后会有一个激励。还有就是进行实操演练。

（四）表达要准确

讲话的人充满激情，才能激发员工的工作激情；讲话的人有气无力，员工也必定提不起精神。表达清晰在早会中非常重要，只有表达清楚了，员工才明白他们要做什么、做多少、怎么做，才会去准确地执行。很多人习惯于长篇大论地谈很久，结果听的人听得不耐烦，就干脆不听。

1．要突出中心，紧扣主题

每次早会，都要提前定好主题，主题是早会的目的、灵魂，整个早会都要围绕这个主题来开。

为使早会不会跑题，自己要对主题胸有成竹，思路要清晰，如果对主题都不是很清楚，说的时候东扯一句，西扯一句的，你就很难让员工明白你究竟要讲些什么。

2．尽可能让员工理解

（1）为了确保员工能正确地理解你说的话，可以就一些细节上提问。

（2）概括或重复别的员工的话，使内容更加明确。

（3）澄清内容，使其他员工理解无误。

在早会时要尽可能使用口语表达，尽量使用通俗的语句，要注意使用简单明了的短句。不要使用太长的句子，不要使句子有许多修饰语、华丽的辞藻，更加不要让句子的结构复杂，因为，那样的句子很容易让人误解。

（五）游戏，活跃气氛

早会中小小的游戏，可以给员工全新思路，在活跃的气氛中讨论提高服务技能，包括怎样将为客人推荐菜品，怎样接待客人，将客人的抱怨降至最低。

（六）小故事，讲述大道理

在早会中采用动人的小故事来说明道理比枯燥的说教效果要好得多。比如，机会是很重要的，楼面经理希望员工能够抓住每个能够提升自己的机会。如果只是千篇一律的说理“机会是可遇不可求的，需要随时做好准备，当机会到来时，应该如何抓住并利用呢……”诸如此类的道理人人都懂，员工是没有兴趣听长篇大论的。

但是，如果运用一个小故事来讲这个道理，相信员工更容易接受并且印象会更加深刻。当然，楼面经理需要在平时有意识的准备，多收集一些有关资料。在早会前做好准备，可以做到游刃有余，信手拈来。

（七）音乐，保持活力

在选择早会音乐时，一定要选择欢快、积极向上、有鼓舞激励作用的，然后隔一段时间更换新的音乐。

当然，如果想要选择好的音乐，楼面经理首先要提高自己的鉴赏能力，同时把握音乐的主题，多分析音乐的特点，以便选择适合的音乐与早会主题相符。

随手札记

（八）早会后评估跟进

早会，不能说是开完了就完事儿，更重要的是对早会的评估跟进，分析早会是否达到预期效果。如果对于早会中的事项，不予以落实，那早会岂不是白开了。

1．自我评估

作为楼面经理，在早会中占有一席重要之地，你可能作为主持人来主持整个早会过程，即使不做主持人，你也要做工作汇报和工作安排。所以，对自己在早会中的情况要经常做自我评估（可参照表1-7），以便改进，能带领整个店铺的早会开成功。

表1-7　楼面经理早会自我评估表

序号	具体表现	是否存在以下问题	改进措施
1	员工曾误会我的意思	有□　无□	
2	在进行工作安排时我经常离开话题本意跳到别的话题	有□　无□	
3	说话时我很紧张	有□　无□	
4	在会上，总是只有我一个人说话，没有成员参与	有□　无□	
5	讲话结束时，我会问员工是否明白我的意思	有□　无□	
6	我分派工作后他们从不提问	有□　无□	
7	我总是把一件事的前因后果澄清给别人	有□　无□	
8	如果我表达的意思很复杂，令人难以明白，我会事先考虑	有□　无□	
9	我总是会问：大家还有什么问题吗	有□　无□	

2．主持人是否充分发挥

早会主持人由员工轮流来担当。主持人在早会中要带领整个会议的进行，所以，重要性不言而喻。但并不是每一个员工都会当主持人，楼面经理有责任培训、引导他们，如何引导呢，当然是发现他们的弱点，有针对性地进行。比如说，发现今日当值的员工在向大家问好时声音很小（主持人的声音小，整个团队回应的声音也会小），可以针对这一点与他沟通，并告诉他问好的声音要有多大，甚至直接演示，让他照着练几次。那他下次再主持的时候就不会再出现这个问题了。

对于早会主持人的评估，也可以列出一个评估表（见表1-8），并将你自己决定如何帮助他改进的想法记录下来。

3．员工参与度评估

员工参与程度的高低，直接影响早会的效果。员工的参与程度，可以在早会上通过观察他们的表情、体态语言，或者问

表1-8　早会主持人评估表

序号	评估项目	评估标准	评估结果
1	精神状态	□精神抖擞 □状态一般 □疲劳、好像没睡醒	
2	问好的声音	□大声、有感染力 □声音大、缺乏激情 □声音小、不够胆气	
3	说话时紧张不紧张	□不紧张、泰然自若 □有点紧张 □很紧张	
4	主持语言的串接	□符合逻辑、很顺畅 □连接平稳 □不太顺畅	
5	与员工互动	□很好 □一般 □还不太会	
6	准备充分与否	□准备非常充分 □没有做准备	
……			
总体评价：			
需改进的地方：			
我打算怎样帮助他改进？			

随手札记

他们问题时他们的应对情况，就可以有一定的了解。在对员工参与度进行评估时（见表1-9），楼面经理可以设定一些项目来进行。

表1-9　早会员工参与度评估表

序号	评估项目	评估标准	评估结果
1	问好时的回应声	□大声、整齐、有力量 □有声音但不大、不够整齐 □有气无力、应付了事	
2	精神状态	□精神抖擞 □状态一般 □疲劳、好像没睡醒	
3	听工作汇报、工作安排时的状态	□神情专注、认真思考 □比较专注，但不思考 □交头接耳、不在状态	
4	发言频率	□频繁 □刚好 □太少	
	发言长度	□太短 □刚好 □太长	
6	发言对早会的影响	□有积极影响 □没有影响 □有负面影响	
7	与会态度（是否鼓励与支持他人意见）	□正面、积极地回应 □回应态度恰当 □不回应	
8	互动游戏的参与情况	□积极、热情、情绪高涨 □不冷不热 □不参与，站在一旁冷观	
9	小故事的讨论参与情况	□积极讨论、发言 □点名要求发言时，会说一两句 □一言不发	
总体结果			
改进事项			

四、做好开餐前检查

楼面经理不仅要做好营业前检查，也要做好开餐前检查，以确认是否达到开餐标准。在此，提供一份开餐前检查表，仅供读者参考。

【范例 1-03】

开餐前检查表

内容	午餐	晚餐	备注
提前10分钟开门开启部分灯光及部分空调			
检查员工出勤			
检查仪容仪表			
检查布草清洁及数量			
检查台型的摆放			
检查桌面餐具的摆放整齐和清洁			
台面 □□　牙签 □□　杯具 □□ 瓷器 □□　转盘 □□　桌花 □□			
检查服务区域餐具配备			
检查灯光、空调、音响情况			
检查地面清洁			
检查餐厅调味品的配备			
检查本日沽清情况			
检查电视机状况			
检查跟进工程完成情况			
沙发茶几卫生			
座椅卫生			
电视机卫生			
托盘卫生			
客用品的准备			
打包袋 □□　打包盒 □□　厕纸 □□ 纸　抽 □□　一次性手套 □□　蜡烛 □□			
开水、汤壶、托盘准备是否充足			
检查小碗、酒杯、骨碟、汁酱碟的数量及卫生			
汁酱的备货量是否充足（如陈醋、酱油等）			
开瓶启、酒钻、赃物夹、毛巾夹、毛巾盘是否备齐			
预订菜单的准备情况			
台面金器的卫生及数量			
毛巾的清洁及数量			
酒精等物资的准备			
检查菜牌（菜单）的卫生及完好			
检查预订情况			
检查跟进客人预订信息			
检查音响设备完好率			
检查电话的清洁			
检查告示牌清洁及摆放			
检查正门灯光及风幕开启			
检查领位台的清洁及摆放			

午餐　　楼面主管：　　楼面经理：　　日期：

晚餐　　楼面主管：　　楼面经理：　　日期：

五、及时与厨房核对沽清菜品

菜品沽清是餐厅中常见的情形，不过经常由于楼面与厨房没有及时沟通，导致客人点完菜，满心欢喜等着美味上桌，却在10分钟后被告知“对不起，您点的菜没有了！”这时便会给客人造成十分不好的影响。因此，楼面经理要及时与厨房核对沽清菜品。

楼面经理应在固定时间，如10:40分、17:30分，到厨房了解沽清菜品情况，并在站位之前传递给服务员，要求服务员必须详记菜品信息，对沽清菜品严禁再点，以免增加不必要的工作量，以提升服务品质。在此，提供几份菜品沽清表，仅供读者参考。

【范例1–04】

每日估清单

日期：

估清	急推	限量	新菜	时蔬

【范例1–05】

每日沽清单

日期	沽清菜品	急推菜品	每日例汤	蔬菜、海鲜	主厨推荐介绍
上午					
下午					

六、就餐环境检查

楼面经理在进行楼面控制时，首先应对就餐环境进行检查，并对环境中出现的问题，及时解决。因就餐环境的检查是全天都要进行的。因此，楼面经理应制定一张“就餐环境检查表”（见表1-10），做到随时检查，随时记录。

表1-10 就餐环境检查表

序号	检查细则	等级			
		优	良	中	差
1	玻璃门窗及镜面是否清洁，是否无灰尘、无裂痕				
2	窗框、工作台、桌椅是否无灰尘和污渍				
3	地板有无碎屑及污痕				
4	墙面有无污痕或破损处				
5	盆景花卉有无枯萎带灰尘现象				
6	墙面装饰品有无破损、污迹				
7	天花板有无破损、漏水痕				
8	天花板是否清洁，有无蜘蛛网				
9	通风口是否清洁，通风是否正常				
10	灯泡、灯管、灯罩有无脱落、破损、污渍				
11	吊灯照明是否正常，吊灯是否完整				
12	餐厅内温度和通风是否达标				
13	餐厅通道有无障碍物				
14	餐桌椅是否无破损、无灰尘、无污渍				
15	广告宣传品有无破损、灰尘、污痕				
16	菜单是否清洁，是否有缺页和破损				
17	台布是否清洁卫生				
18	背景音乐内容是否适合就餐气氛				
19	背景音乐音量是否适中				
20	总的环境是否能吸引客人				

七、楼面现场控制

楼面经理应随时准备好楼面现场控制。所谓现场控制，是指监督现场正在进行的餐饮服务，使其规范化、程序化，并迅速妥善地处理意外事件。这是楼面经理的主要职责之一，楼面经理也应将现场控制作为管理工作的重要内容，见表1-11。

特别提示：

在服务过程中，楼面经理或主管还应根据客情变化，进行再分工。例如，某一个区域的客人突然来得太多，就应从另外区域抽调员工支援，等情况正常后再调回原服务区域。

表1-11　楼面现场控制

序号	现场控制	具体内容
1	服务程序的控制	开餐期间，楼面经理应始终站在第一线，通过亲自观察、判断、监督，指挥服务员按标准服务程序服务，发现偏差，及时纠正
2	上菜时机的控制	掌握首次斟酒、上菜的时机，要请示客人，尊重客人的意见；在开餐过程中，要把握客人用餐的时间、菜肴的烹制时间等，做到恰到好处，既不要让客人等待太久，也不应将所有菜肴一下子全送上桌。楼面经理应时常提醒服务员掌握好上菜时间，尤其是大型宴会，上菜的时机应由餐厅主管掌握
3	意外事件的控制	餐饮服务是面对面的直接服务，容易引起客人的投诉。一旦引起投诉，楼面经理一定要迅速采取弥补措施，以防止事态扩大，影响其他客人的用餐情绪。若是由服务态度引起的投诉，楼面经理除向客人道歉外，还应替客人换一道菜。发现有喝醉酒的客人，楼面经理应告诫服务员停止添加酒精性饮料。对已经醉酒的客人，要设法帮助其早点离开，以保护餐厅的气氛
4	人力控制	开餐期间，服务员实行分区看台负责制，在固定区域服务。服务员人数的安排要根据餐厅的性质、档次来确定(一般中等服务标准的餐厅或者餐桌，可按照每个服务员每小时能接待20名散客的工作量来安排服务区域)

八、突发事件应急处理

作为楼面经理，需要负责处理各种突发事件，以便维护餐厅的正常运营。同时，楼面经理也要加强对员工在此方面能力的培训。

（一）烫伤

（1）将被烫的部位用流动的自来水冲洗或是直接浸泡在水中，以便皮肤表面的温度可以迅速降下来。

（2）在被烫伤的部位充分浸湿后，再小心地将烫伤表面的衣物去除，必要时可以利用剪刀剪开，如果衣物已经和皮肤发生沾黏的现象，可以让衣物暂时保留，此外，还必须注意不可将伤部的水泡弄破。

（3）继续将烫伤的部位浸泡在冷水中，以减轻伤者的疼痛感。但不能泡得太久，应及时去医院，以免延误了治疗的时机。

（4）用干净的布类将伤口覆盖起来，切记千万不可自行涂抹任何药品，以免引起伤口感染和影响医疗人员的判断与处理。

（5）尽快送医院治疗。如果伤势过重，最好要送到设有整形外科或烧烫伤病科的医院。

（二）烧伤

（1）如果客人身上着火，应该告知客人用双手尽量掩盖脸部，并让其立即倒地翻滚让火熄灭，或者立刻拿桌布等大型布料将伤者包住翻滚将火熄灭。

（2）等到火熄灭后，再以烫伤的急救步骤来处理。

（三）腐蚀性化学制剂伤害

无论是哪种化学制剂，都应该以大量的清水加以冲洗，而且清洗的时间至少要维持30分钟，才可以冲淡化学制剂的浓度，尤其当眼睛已受到伤害时，更要立即

随手札记

睁开眼睛用大量清水来冲洗。

（四）电伤

（1）先切断电源或是用绝缘体将电线等物移开，接着应立即检查伤者是否有呼吸和心跳，如果呼吸与心跳停止，应该立即进行人工呼吸救助。

（2）若是电伤的伤害程度较深，应该直接送往医院急救。

（五）客人突然病倒

客人在餐厅用餐，任何意外都有可能发生，突然病倒就是其中一项。遇到就餐客人突然病倒时，服务员应按照以下方法去解决：

（1）保持镇静。对于突然发病的客人，服务员要保持镇静，首先要打电话通知急救部门，再通知餐馆的有关部门，采取一些可能的抢救措施。

（2）如果客人昏厥或是摔倒，不要随意搬动客人。如果觉得客人躺在那儿不雅观，可以用屏风把病者围起来。服务员还要认真观察病人的病情，帮助客人解开领扣，打开领带，等待急救医生的到来，并按医生的吩咐，做一些力所能及的事情，协助医生的工作。

（3）对于有些客人在进餐过程中，或是进餐后尚未离开餐馆时，就突然出现肠胃不适等病症的人，服务员也要尽量帮助客人。这种时候，服务员可以帮助客人叫急救车，或是帮助客人去洗手间，或是清扫呕吐物，等等。

（4）与此同时，服务员不要急于清理餐桌，要保留客人食用过的食品，留待检查化验，以便分清责任。

（5）当客人突然病倒，服务员不要当着客人的面，随便判定，随便下结论，也不要自作主张地给客人使用药物。

（六）客人跌倒

客人在餐厅跌倒，服务员应主动上前扶起，安置客人暂时休息，细心询问客人有无摔伤，严重的马上与医院联系，事后检查原因，引以为鉴，并及时汇报，做好登记，以备查询。

（七）客人出言不逊

个别的客人由于各种各样的原因，对服务员出言无礼，甚至出口伤人，这种事情也时有发生。

情况不同，对待和处理的方式也不一样。如果是客人自身的素质低，不懂得在公共场合保持应有的言行举止，服务员可以冷静地对待，一般不要计较，如果实在太过分，服务员可以冷静地指出，让客人收敛其言行，有必要的话，还可以报告上级领导和有关部门，出面协助处理。

如果客人是出于受到怠慢而出言不逊，作为服务员或餐厅方面，应该立即弥补自己服务上的失误，不要去计较客人在言语上的过激与无礼。

总之，遇到出言不逊的客人，服务员首先仍应以礼相待，晓之以理，若情况并无好转，也不能以粗对粗，而应及时通知有关部门协助处理，用文明的方式方法解决纠纷。

（八）客人丢失财物

为了防止客人丢失财物现象的发生，当客人来餐厅就餐时，服务员就应当热心地、适度地提醒客人，注意他们的财物。在客人的整个就餐过程中，服务员应经常提醒客人注意保管好自己的财物。

客人丢失了财物，服务员应表现出同情与关心，尽量帮助客人查找，一定要让客人感到服务员是在尽力诚心实意地帮他。

如果客人在餐厅里丢失了财物，一时没有找到，服务员应问清客人当时用餐的具体位置、餐桌的台号、物品的件数和特征等情况，并且当着客人的面登记备查，或是通知有关部门帮助协查寻找。

经过寻找，一时仍无着落的，可以请客人留下联系地址和电话号码等，以便一有信息可以及时通报。

有的客人因丢失物品，难免会对餐厅的环境或是服务员产生怀疑，有时甚至当场说些“过头话”，作为服务员应从同情和理解的角度出发，坦诚相待，不急不恼，认真查找，以自己的实际行动来替客人排忧解难，这样，便会化解客人的愤怒，有助于事情的解决。

（九）客人打架闹事

服务员面对客人打架闹事时，应注意以下几点：

（1）服务员在劝阻客人打架闹事时，要注意方法，态度上要尊敬对方，言语上需要用词恰当，自己不要介入到纠纷中去，不要去评判谁是谁非。

（2）一般来说，打架闹事的人多是出于一时的冲动，逞一时之勇，即使是故意、有目的的打架斗殴，只要服务员能及时、恰当地劝阻，一般都能解决。

（3）制止打架斗殴，不但是为餐厅的安全和名誉着想，也是为打架的双方着想。如果闹事者是冲着捣乱餐厅而来的，更应该保持冷静，而不要中了圈套。

（4）若是事态严重的，要立即拨打“110”，并注意保护现场以便审案时作证。

（十）突然停电

餐厅营业期间如遇到突然停电，服务人员要保持镇静，首先要设法稳定住客人的情绪，请客人不必惊慌，然后立即开启应急灯，或者为客人餐桌点燃备用蜡烛，并说服客人不要离开自己的座位，继续进餐。

然后，马上与有关部门取得联系，搞清楚断电的原因，如果是餐厅供电设备出现了问题，就要立即要求派人检查、修理，在尽可能短的时间内恢复供电。如果是地区停电，或是其他一时不能解决的问题，应采取相应的对策。对在餐厅用餐的客人要继续提供服务，向客人表示歉意，并暂不接待新来的客人。

特别提示：

在平时，餐厅备用蜡烛应该放在固定的位置，以便取用方便。如备有应急灯，应该在平时定期检查插头、开关、灯泡是否能正常工作。

九、员工交接班管理

为加强餐厅交接班管理，帮助员工迅速交接班，减少工作失误，楼面经理应做好员工交接班管理。一般对于员工交接班管理，主要包括以下几点：

（1）餐厅接班人员提前15分钟到岗，交班人员在接班人员未到时，或未完成接班检查工作前不得擅自离岗。

（2）交接班时，接班人须做好当班票据、物品的准备工作，并与上一班工作人员做面对面交接。

（3）各班人员按照排班规定进行的单独交接。

（4）交班过程中，交接者处理班内工作，交班完毕，应填好“交接本记录表”（见表1-12）。

表1-12　员工交接班记录表

交班人：	接班人：
交班时间：	接班时间：
交班内容：	

（5）交班人员应对本班工作及上一班遗留工作进行说明，应交代清楚。

（6）接班人员认真核对交接班记录，了解上一班工作情况和本班注意事项，确认后在交接记录上签名，并立即着手处理有关事宜。

十、查看“营业日报表”

“营业日报表”是由店长负责填写，作为楼面经理，也要定时查看“营业日报表”，以便了解餐厅的运营情况。在此，提供一份餐厅“营业日报表”，仅供读者参考。

十一、做好营业后检查

楼面经理在餐厅营业结束后，要对其进行检查，如物品是否放置好，门窗是否锁好、电源是否关闭等。在此，提供一份餐厅楼面营业结束后检查表，仅供读者参考。

【范例 1–06】

餐厅营业日报表

餐厅名称:						日期:					
	类别	金额	占总收入百分比	累计金额	累计占总收入百分比	类别	金额	占总收入百分比	累计金额	累计占总收入百分比	说明:
支出明细	厨房产品（加工后送餐厅）					易耗品					
	粮食类					维修费					
	肉　类					工资福利费					
	蛋　类					能源费					
	鱼　类					管理费					
	食用油					清洁费					
	调料类					折旧费					
	干货类					水电费					
	蔬菜类					租赁费					
	水果类					车使用费用					
	饮品类					办公费					
	豆制品类					招待费					
	糕点类										
	食材合计					非食材合计					

（续表）

<table>
<tr><td rowspan="2">预估营业额</td><td>餐别营业额</td><td colspan="2">早餐</td><td colspan="2">中餐</td><td colspan="2">晚餐</td><td colspan="2">夜宵</td><td colspan="2">夜点</td><td colspan="3">加餐</td></tr>
<tr><td>预估营业额</td><td colspan="2"></td><td colspan="2">预估日就餐人数</td><td colspan="2">税金</td><td colspan="2"></td><td colspan="2">减税收入</td><td colspan="3"></td></tr>
<tr><td rowspan="3">预估成本</td><td rowspan="2">项目金额</td><td>厨房产品</td><td>粮食类</td><td>肉类</td><td>蛋类</td><td>鱼类</td><td>食用油</td><td>调料类</td><td>干货类</td><td>蔬菜类</td><td>水果类</td><td>饮品类</td><td>豆制品类</td><td>糕点类</td></tr>
<tr><td></td><td></td><td></td><td></td><td></td><td></td><td></td><td></td><td></td><td></td><td></td><td></td><td></td></tr>
<tr><td>预估成本额</td><td colspan="2"></td><td colspan="2">预估成本率</td><td colspan="9"></td></tr>
<tr><td rowspan="6">实收入情况</td><td rowspan="2">餐别项目</td><td colspan="4">刷卡</td><td colspan="4">现金</td><td colspan="5">其他</td></tr>
<tr><td>早餐</td><td>中餐</td><td>晚餐</td><td>夜宵</td><td>早餐</td><td>中餐</td><td>晚餐</td><td>夜宵</td><td colspan="2">夜点</td><td colspan="3">加餐</td></tr>
<tr><td>人数</td><td></td><td></td><td></td><td></td><td></td><td></td><td></td><td></td><td colspan="2"></td><td colspan="3"></td></tr>
<tr><td>金额</td><td></td><td></td><td></td><td></td><td></td><td></td><td></td><td></td><td colspan="2"></td><td colspan="3"></td></tr>
<tr><td>金额合计</td><td colspan="4"></td><td colspan="4"></td><td colspan="5"></td></tr>
<tr><td>当日营业额</td><td colspan="2"></td><td colspan="2">日就餐人数</td><td></td><td>税金</td><td colspan="2"></td><td>减税收入</td><td colspan="4"></td></tr>
<tr><td colspan="2">本月含税营业额累计</td><td colspan="13"></td></tr>
<tr><td rowspan="4">报损</td><td colspan="14">原材料：</td></tr>
<tr><td colspan="14">报损原因：</td></tr>
<tr><td colspan="14">成品：</td></tr>
<tr><td colspan="14">报损原因：</td></tr>
<tr><td rowspan="3">经营状况</td><td>收入合计</td><td colspan="5"></td><td colspan="2">本月累计</td><td colspan="6"></td></tr>
<tr><td>支出合计</td><td colspan="5"></td><td colspan="2">本月累计</td><td colspan="6"></td></tr>
<tr><td>每日利润</td><td colspan="5"></td><td colspan="2">本月累计</td><td colspan="6"></td></tr>
</table>

【范例 1–07】

营业后工作检查表

检查日期：　　　　　　检查时间：　　　　　　检查人：

检查项目	检查标准	检查结果
最后的通知	通知客人餐厅15分钟后结束，通知厨房	
迎宾站位	收好预订本、菜单、酒水单、红酒单	
交接本	当天的注意事项，需第二天完成的	
排班表	第二天足够的员工安排	
迎宾台	整洁，没有污迹，预订本内容完整	
餐具	瓷器餐具从管事部收回，按标准放在餐厅各落台柜里，清点餐具、玻璃器皿、布草、托盘	
灯光	关闭	
音乐	关闭	
电源	关闭	
空调	关闭	

（续表）

检查项目	检查标准	检查结果
地面	干净，无水迹	
窗台	干净，无杂物，无污迹	
餐台	桌子按照要求摆放，要平稳，整齐，桌面无污渍和破损	
椅子	椅子必须是干净没有灰尘，无破损和摇晃，椅子要摆放整齐	
摆台用具	按照餐位来布置	
烟灰缸	干净、整洁	
餐巾	干净、整洁，折缝向内，无污渍和破损，折叠整齐摆放在餐垫正中	
托盘	干净、无污渍、按数量摆放好	
电视机	擦拭干净、遥控板摆放在电视机的正前方，关闭状态	
工作落台	按标准摆放餐具用具、干净、整洁、无污渍	

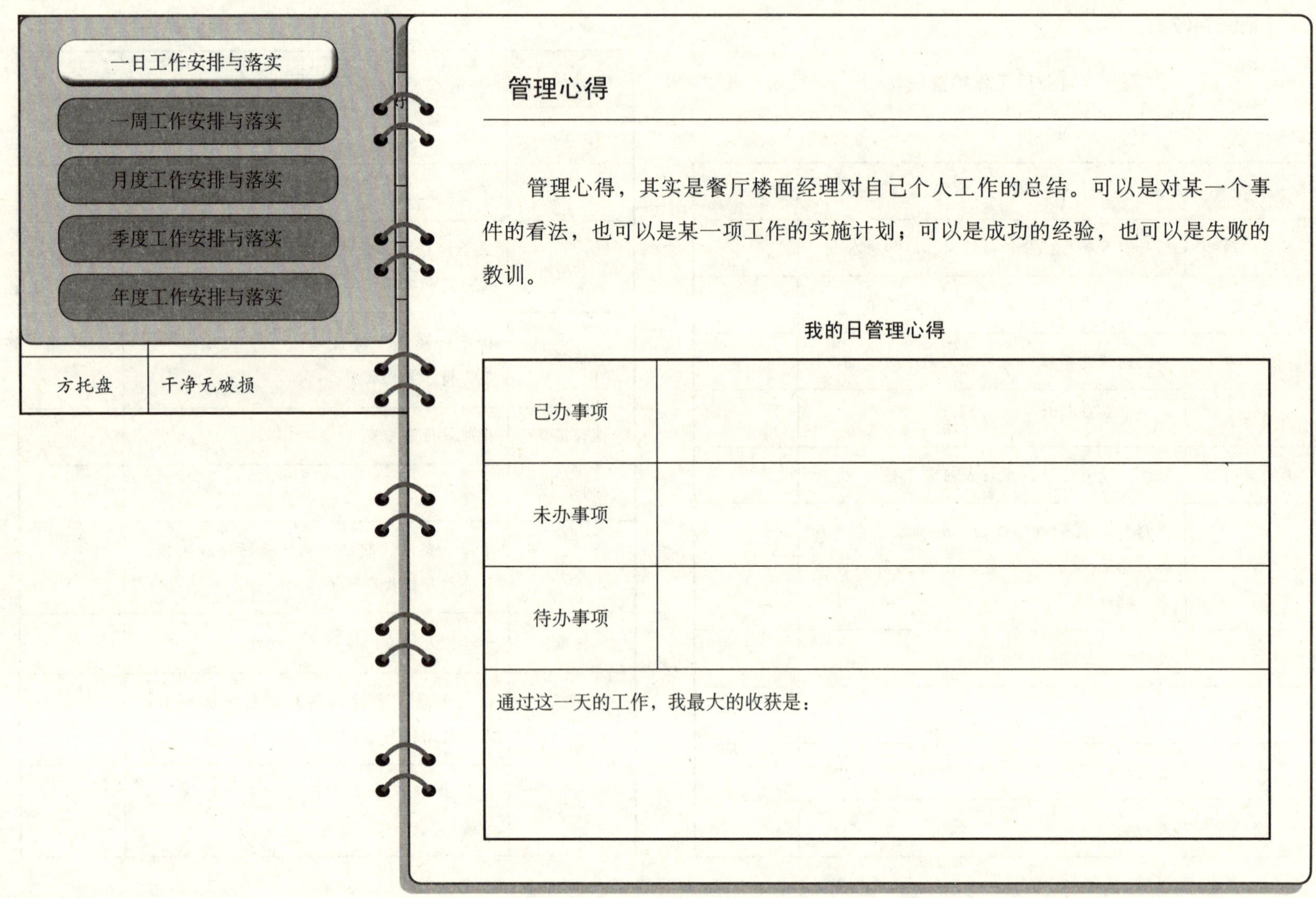

管理心得

管理心得，其实是餐厅楼面经理对自己个人工作的总结。可以是对某一个事件的看法，也可以是某一项工作的实施计划；可以是成功的经验，也可以是失败的教训。

我的日管理心得

已办事项	
未办事项	
待办事项	
通过这一天的工作，我最大的收获是：	

第二章

如何安排与落实一周工作

新的一周又开始了，该怎样来做好这一周的工作呢？仔细想想，本周有哪些主要工作：要对新入职员工进行指导；要对楼面部安全、卫生等情况进行检查；需要为部门经理周例会作准备……

惨啦！事情这么多，怎样才能理清呢？仔细看看，哪些必须在第一时间内完成，哪些可以稍微往后延……

如果你每周都处于这种忙碌“晕”的状态，那就要做好一周工作安排与落实。通过本章学习，相信你一定可以远离这种状态，从而让工作更加有条理，更加轻松愉快！

一、制订一周工作计划

（一）每周时间分析

楼面经理可以将对从周一到周五，连续使用工作（活动）分项分析表（见表1-3）进行统计，将其统计结果分别填入表2-1中。误差就是实际用时与计划之差，无计划的工作事项，计划用时则计为零。

（二）制订工作计划

有些工作要周一做，有些要周二做，那么楼面经理如何安排一周的工作时

特别提示：

对于每一周的工作事项，你可以参照第一章中日计划里对工作事项的相关分析，将工作按照紧急重要性进行安排，确保完成重要工作。

表2-1　每周时间分析表

时间 活动	计划用时									实际用时									误差
	周一	周二	周三	周四	周五	周六	周日	总计	排序	周一	周二	周三	周四	周五	周六	周日	总计	排序	
召开部门早会																			
到餐厅巡视																			
给VIP客人打电话																			
查看去年同期酒水销售情况																			
向总经理汇报工作情况，听取领班汇报工作																			
接待VIP客户																			
与门店其他部门协调工作																			
……																			
总计																			

间呢？可以制订一个周计划表，来对一周时间进行合理分配。表2-2是某餐厅楼面经理的周工作计划表。

表2-2　周工作计划

序号	工作内容	阶段目标	目标完成时间							责任人
			周一	周二	周三	周四	周五	周六	周日	
1	周计划卫生检查	厨房卫生抽查	○	○						
		公共区域卫生抽查	○	○	○					
2	配合人力资源部面试新员工	笔试				○	○			
		实操技能考核						○		
3	部门在职员工专业技能培训	新技能操作培训	○	○	○	○				
		基本操作技能提升	○	○	○	○	○	○	○	

【范例 2-01】

××餐厅楼面经理一周工作计划

一、卫生方面

本周重点加强两方面的检查：早班做餐厅卫生质量的检查、吧台卫生的检查。

二、建立部门自检体系

建立部门自检体系，包括以下重点：

1. 早班自检重点餐具清洁质量。

2. 中班接班后每天抽查昨日员工更衣室，自检卫生细节，整改早班遗留卫生情况。

三、迎接检查

部门做好迎检的各项准备工作，具体如下：

1. 卫生清洗消毒。

2. 洗手池、加工间清洁与消毒。

3. 吧台杯具、茶盘清洗消毒。

随手札记

现在，你可以此为参考，来制订一份自己的周工作计划表（见表2-3）。

表2-3　我的周工作计划表

序号	工作内容	阶段目标	目标完成时间							责任人
			周一	周二	周三	周四	周五	周六	周日	

二、主持部门周例会

楼面经理既要主持本部门周例会，还要参加部门经理周例会。因此要妥善协调好两者的时间，避免发生冲突。

楼面经理每天都要参加部门早会，但那只是安排一天的工作。周例会是对一周工作的总结，并为下一周工作的开展做好安排。因此楼面经理必须为会议做好充分准备，以下几点是主持会议的要点，只要遵照实行，可以大大提高工作效率。

（一）把握时间

开会最忌讳的就是拖延时间，因为每个人的时间都很宝贵，所以要让会议顺畅地进行，必须对每个议题的讨论时间做出限制。比如会议要讨论员工培训，处理投诉和厨房盘点三项议题，但在如何处理客人投诉问题上，与会者陷入了长时间的争论中，无法达成共识。这时候楼面经理就应当做出决断，将这项议题搁置，留待下次会议再讨论，而接着下一项讨论。楼面经理要尽力避免耽误其他议题的讨论工作。

楼面经理也可以在会前制定一张例会时间控制表，明确规定各项议题的讨论时间，超过限定时间就要立刻终止讨论，如表2-4所示。

（二）秉持民主作风

会议最好的模式是民主，而非专制。不要试图影响与会者，更不要只凭你的职衔或权力来命令他人。一个好的楼面经理应该使用说服，而不是强迫的方式来达成目标。

因此，楼面经理在主持会议时应保持态度和蔼，多用询问的口吻说话，比如“××，你对本周预订率下降有什么看法”或者“××，你觉得本周客人投诉增加的原因是什么？有什么解决办法呢？”，切不可粗暴蛮横，搞一言堂，以致挫伤与会者的积极性，使会议无法成功进行。

表2-4　例会时间控制表

姓名：　　　　　　　　　　　　　　　　　　　　　　　　会议日期：

时间／议题	限定时间	实际用时	中止原因
上一周餐厅突发事件总结			
上周新菜品推出情况			
本周宴会单的准备工作			
餐厅卫生检查			
……			

（三）明确例会目的和议程

任何会议都必须有明确的目的，要提出什么问题，如何解决，解决方法有哪些，哪种方法更好。所有讨论都要围绕解决问题，达成目标而进行，切不可变成漫无目的的闲聊或争吵。为此，楼面经理必须建立明确的例会议程，以使会议有条不紊地进行下去。在此，提供一份某餐厅楼面部一次周例会议程安排，仅供读者参考。

【范例 2-02】

××餐厅楼面部议程

一、会议内容

1. 召集人：楼面部经理。

2. 时间：每周五上午9:00～9:20。

3. 地点：楼面经理办公室。

4. 参加人员：本部门各班组、岗位负责人。

5. 讨论议题。

（1）各班组汇报本周工作，及上级

随手札记

交办事项的完成情况。

（2）通报本部门当日工作安排。

（3）厨房与餐厅间协调工作的汇报。

（4）客人意见的反馈。

（5）各班组自查问题汇报。

（6）听取部门负责人的工作点评及工作安排。

二、会议要求

1. 为维护餐厅管理的规范化，保障政令畅通，信息传送及时，各班组必须按时召开各级例会。

2. 例会召开以解决困难、听取汇报、下达指令、协调工作为宗旨，简明扼要，切忌扯皮、拖拉。

3. 任何与会人员要遵守会议纪律，无法参加需向会议召集人请假，得到批准后方可缺席。

4. 例会所做出的限期工作布置，由总办负责记录，由质管部负责向责任部门跟踪落实。

5. 参加人员必须及时、完整地向下级传达会议内容、精神。

6. 由总经理办公室整理“会议纪要”，下发各部门作为实施、检查和贯彻例会精神的依据。

7. 例会要认真做好记录。

8. 会议期间禁止吸烟、接打电话（把手机调到振动）或谈与会议无关的话题。

三、参加部门经理周例会

楼面经理每周都要参加部门经理会议，此时是作为一个会议参加者而参与会议，那参加会议时要做好哪些事项呢？

（一）有准备地赴会

楼面经理在走进会议室之前，首先要弄清楚几个问题，比如谁召集了这次会议，为何召集等。当然周例会作为常规性会议，情况一般都比较清楚，通常都是总经理召开，各部门经理参加。但如果是紧急会议就不一样了，因此要明确开会讨论的问题，最好做一张表，如表2-5所示。

楼面经理最好事先把会议中需要讨论的问题或事情列出来，在参加会议时可以用来提醒自己。楼面经理需要准备好上周

表2-5　需要明确事项

序号	问题	是否明确	备注
1	谁召集这次会议	□是　□否	
2	楼面部相关报告是否已准备妥当	□是　□否	
3	本次会议是否会继续讨论上次会议遗留问题	□是　□否	
4	是否为了解决棘手的问题而召开	□是　□否	
5	是否对会中涉及本部门的事项非常熟悉	□是　□否	
6	是否需在楼面部举行消防演习	□是　□否	

工作总结和本周工作计划，以便向总经理做好汇报工作，以及与其他部门进行有效沟通。通常楼面经理需要在会议上提出如下报告：

（1）提供上周楼面部营销分析报告。

（2）通报上周工作完成情况及未完成工作的原因和预计完成的时间。

（3）通报上周本部门客人意见征询情况并提供书面报告。

（4）通报上周本部门质量检查自查情况。

（5）通报上周相关部门对本部门工作的配合情况。

（6）通报上周本部门员工培训情况。

（7）通报上周重要客人的关注情况。

（8）通报本部门费用开支情况与预算费用的对比。

（9）通报本周和未来两周餐厅销售预报。

在此，提供一份某餐厅楼面经理的汇报记录，仅供读者参考。

【范例 2-03】

××餐厅楼面部周例会汇报表

项目	汇报细则
完成情况	本周酒水销售______元，比上周增加（减少）______间 本周客人平均消费______元，比上周提高（降低）______元 本周宴会接单______次，比上周增加（减少）______次 员工食材采购花费______元，比上周增加（减少）______元 设施运行情况：______　人员状况：______
原因分析	
改进措施与建议	
上周计划完成情况	
下周工作计划	
其他工作汇报	

（二）做好会前沟通

如果有新的问题，可能与其他部门产生冲突或纠纷，楼面经理就要格外小心，因为楼面经理每天都要与各部门沟通合作，一旦与其他部门发生冲突，工作可能会产生困难。

楼面经理先要判断该问题是否需要在例会上提出，若要提出，最好在会前与相关部门进行沟通。能在会前解决的，就不必在会上提出，以免造成不必要的麻烦。

（三）谋求沟通方法

会议场合中的沟通除了有声的语言之外，无声的语言——诸如仪容、姿态、手势、眼神、面部表情等，也都扮演着相当重要的角色。楼面经理应该特别留意以下几个方面：

（1）仪容要整洁。楼面经理作为楼面部门的最高负责人，更应做到这一点。

（2）准时或提早抵达会场。

（3）注意坐姿。最理想的坐姿是脊椎骨挺直但却不僵硬，因为只有这样，你才能在松弛的状态下保持注意力。

（4）目不斜视。跟别人对话时最忌讳的便是两眼闪烁，或是斜眼看人，因为这样使人对你的动机或品格产生不良的评价。

（5）借手势或物品引起注意并强调自身的观点。以手势配合说话的内容，可以令听众印象深刻。

四、尽量满足客人要求

餐厅用餐的客人，可能会提出各种各样的要求，如要求自己加工食品，自带食品要求加工，代管物品等。楼面经理要尽量满足客人要求，为客人提供优质的服务，从而赢得更多的回头客。同时，楼面经理也要加强员工在此方面的培训。

（一）自己加工食品

有时客人在就餐的过程中，要求自己加工一下食品或自带一些食品要求加工。对于这样的情况服务员应根据情况及餐厅的规定酌情处理。

（二）自带食品要求加工

有时客人会自带一些食品要求加工，这也是一件正常的事，餐厅应尽量满足客人的需求而不应拒客人于千里之外。但是，服务员事先要告诉顾客，替客人加工其自带的食品，要收工本费的，这是餐厅的规定，无法破例。同时，还应当着客人的面，鉴定一下客人所带食品的质量，以便加工以后，客人提出品质方面的质疑，引起不必要的麻烦。

（三）代管物品

有的客人在餐厅用餐时，会将没有吃完的食品或酒品请服务员代为保管。遇到这种情况，服务员应注意处理好，不要引起顾客的误会，认为是怕麻烦之类的原因。服务员一般可采用下列几种办法来解决这个问题：

（1）耐心地对客人解释，说明食品关系到健康问题，为了防止意外，为了对客人负责，餐厅规定一般不宜替顾客保管食品。

（2）服务员可以主动地替客人打包，请客人带走。

如果是客人要去办其他的事，要求临时将食品存放一段时间，办完事后再来取，服务员可以请示领导，得到批准后为客人代存。

特别提示：

餐厅替客人保存食品之前，要将食品包好，写好标签，放到冰箱内，服务员之间也要交代清楚，待客人来取时，以便及时地交给客人。

（3）客人要求保存剩下的酒品，餐厅应根据酒的种类和客人的具体情况酌情处理。

从经营的角度来说，客人在餐厅里存放酒品，说明对该餐厅感兴趣，对餐厅的菜点和服务都满意，有常来的意思，这是表示对餐厅的信任，是好事。

不过，替客人保存物品，餐厅一定要对客人及物品负责，保证不出任何问题。做好以下各项工作，获得客人的信赖，吸引客人常来，营业额自然就增加了。

（1）一般葡萄酒类的酒品，开瓶后不宜保存时间过长，客人假若要求代管剩下的葡萄酒，服务员可以为其服务，并提醒客人记住下次用餐时饮用。

（2）如果顾客要求保存白酒，则放在酒柜里即可，也要上锁并由专人负责。

（3）为客人代管的酒品，要挂上客人的名牌，放在专用的冰箱里，冰箱应有锁，由专人负责保管。

五、定期检查餐厅卫生

楼面经理要定期对餐厅进行卫生检查，以便让餐厅保持良好的环境。在此，提供一份餐厅卫生检查表，仅供读者参考。

【范例 2-04】

××餐厅卫生检查表

<table>
<tr><th colspan="2">序号</th><th>检查项目</th><th>检查标准</th><th>评分标准</th></tr>
<tr><td rowspan="9">包房检查标准</td><td>1</td><td>地面</td><td>地板清洗彻底、无水迹、无油迹、无杂物、无烧焦、无破损；大理石地面无杂物、无水迹、无油迹</td><td rowspan="9">每一项不合格扣1分；因卫生不合格导致顾客投诉每一项扣2分</td></tr>
<tr><td>2</td><td>墙面</td><td>（1）粉刷墙面无手印、污渍、无灰尘、无擦伤破损、无蜘蛛网、无任何非统一规定装饰品
（2）壁纸无开裂、无划痕</td></tr>
<tr><td>3</td><td>台面</td><td>音响柜、窗台等台面无污渍、无灰尘、无规定外的物品</td></tr>
<tr><td>4</td><td>暖气罩</td><td>无灰尘、无损坏、无粘贴物</td></tr>
<tr><td>5</td><td>门</td><td>（1）门干净明亮，无灰尘、无污渍、无手印，门牌号光亮清晰
（2）门合页开关灵活、无响声，门锁能正常使用</td></tr>
<tr><td>6</td><td>窗</td><td>（1）玻璃干净明亮，无灰尘、无污渍、无手印
（2）窗扇开关灵活，窗槽无杂物、无灰尘</td></tr>
<tr><td>7</td><td>椅子</td><td>擦拭干净、无灰尘、无油迹、无损坏；摆放整齐</td></tr>
<tr><td>8</td><td>衣架</td><td>无油渍、无灰尘、无破损</td></tr>
<tr><td>9</td><td>接桌</td><td>（1）表面干净明亮、无油渍、无灰尘、无异味
（2）内部餐具摆放整齐
（3）桌门开关灵活，餐具配备表清晰
（4）备用餐具数量充足、无个人物品</td></tr>
</table>

（续表）

序号		检查项目	检查标准	评分标准
包房检查标准	10	沙发	沙发无灰尘、无杂物、无污渍、无破损、摆放整齐	每一项不合格扣1分；因卫生不合格导致顾客投诉每一项扣2分
	11	玻璃器皿	（1）干净明亮、无水迹、无油迹、无手印、无口红印 （2）无异味、无食物残渣、无灰尘、无纤维 （3）无破损、无划痕 （4）按规定位置摆放	
	12	瓷器餐具	（1）干净明亮、无水迹、无油迹、无手印、无口红印 （2）无异味、无食物残渣、灰尘、纤维 （3）完好无损、无划痕 （4）按规定位置摆放	
	13	不锈钢器具（含分餐用具）	（1）干净明亮、无水迹、无油迹、无手印、无口红印 （2）无异味、无食物残渣、无灰尘、无纤维 （3）无破损、无划痕，按使用说明正确清洗、保养 （4）摆放整齐	
	14	暖瓶	表面无水迹、壶拖无水迹，无水垢	
	15	盆景	（1）无枯枝败叶、盛器干净；盆内无杂物 （2）绿色植物枝叶干净、无尘土	
	16	壁画	表面及边框无灰尘、无手印；悬挂端正、牢固	
	17	装饰灯	开关灵活、无损坏，灯罩洁净无灰尘，安放牢固	
	18	电器开关	表面干净无灰尘，无手印，控制灵活，标志开关时间	
	19	空调	风口、网罩洁净、无灰尘，能正常使用，定期保养	
	20	环境	房间及卫生间空气清新无异味，光线充足、温度适宜	

（续表）

序号		检查项目	检查标准	评分标准
包房检查标准	21	垃圾桶	洁净无污渍、无油迹、无水迹，垃圾袋及时更换	每一项不合格扣1分；因卫生不合格导致顾客投诉每一项扣2分
	22	托盘	洁净无污渍、无掉漆、无损坏现象	
	23	桌布、口布	无污渍、无水迹、无油迹、无烧洞、平整无皱折	
	24	天花板及排风口	（1）无污渍、无灰尘、无擦伤破损、无蜘蛛网 （2）无粘贴非统一规定的装饰品	
	26	菜谱	无污渍、无褶皱、摆放规范	
大厅	1	地面	木地板清洗彻底、无水迹、无油迹、无杂物、无烧焦、无破损；大理石地面无杂物、无水迹、无油迹	每一项不合格扣1分；因卫生不合格导致顾客投诉每一项扣2分
	2	墙面	（1）粉刷墙面无手印、污渍、无灰尘、无擦伤破损、无蜘蛛网、无任何非统一规定装饰品 （2）壁纸无开裂、无划痕	
	3	台面	窗台等台面无污渍、无灰尘、无规定外的物品	
	4	窗	（1）玻璃干净明亮，无灰尘、无污渍、无手印 （2）窗槽无杂物、无灰尘	
	5	椅子	干净、无灰尘、无油迹、无损坏、摆放整齐	
	6	接桌	（1）表面干净明亮、无油迹、无灰尘、无异味 （2）内部餐具摆放整齐 （3）备用餐具数量充足、无个人物品	
	7	玻璃餐具	（1）干净明亮、无水迹、无油迹、无手印、无口红印 （2）无异味、无食物残渣、无灰尘、无纤维 （3）无破损、无划痕；按规定位置摆放	

（续表）

序号		检查项目	检查标准	评分标准
大厅	8	瓷器餐具	（1）干净明亮、无水迹、无油迹、无手印、无口红印 （2）无异味、无食物残渣、灰尘、纤维 （3）完好无损、无划痕 （4）按规定位置摆放	每一项不合格扣1分；因卫生不合格导致顾客投诉每一项扣2分
	9	暖瓶	表面无水迹、瓶垫无水迹，无水垢	
	10	盆景	（1）无枯枝败叶、盛器干净，内无杂物 （2）绿色植物枝叶干净、无尘土	
	11	壁画	表面及边框无灰尘、无手印；悬挂端正、牢固	
	12	装饰灯	开关灵活、无损坏，灯罩洁净无灰尘，安放牢固	
	13	电器开关	表面干净无灰尘，无手印，控制灵活，标志开关时间	
	14	空调	风口、网罩洁净、无灰尘，能正常使用，定期保养	
	15	环境	（1）大厅内空气清新无异味 （2）光线充足、温度适宜	
	16	垃圾桶	洁净无污渍、无油迹、无水迹，垃圾袋及时更换	
	17	托盘	洁净无污渍、无损坏现象	
	18	桌布、口布	无污渍、无水迹、无油迹、无破洞、平整无皱折	
	19	玻璃转盘	无污渍、无水迹、无油迹、转动灵活	
	20	天花板及排风口	（1）无污渍、无灰尘、无擦伤破损、无蜘蛛网 （2）无粘贴非统一规定的装饰品 （3）排风口正常使用	
	21	菜谱	无污渍、无褶皱、摆放规范	

【范例 2–05】

××餐厅卫生检查表

检查项目	检查标准
日常卫生	（1）日常卫生是否每餐整理，餐厅卫生每餐整理 （2）天花板、墙面日常卫生状况，天花、墙面无蛛网灰尘，无污迹、水渍、掉皮、脱皮现象 （3）地面、门窗日常清洁程度，地面边角无餐纸、杂物，无卫生死角，门窗、玻璃无污点、印迹，光洁明亮 （4）餐桌椅与台布日常卫生程度，餐桌、台布、口布无污渍，整洁干净 （5）地面每日吸尘或拖尘次数，地面每日拖光不少于 3 次，地毯每日吸尘不少于 3 次 （6）日常卫生整体效果，门厅、过道无脏物、杂物，畅通无阻。盆栽盆景新鲜舒适，无烟头废纸。字画条幅整齐美观，表面无灰尘
餐具用具卫生	（1）餐、茶、酒具是否每餐消毒，餐具、茶具、酒具每餐消毒 （2）餐具表面光洁程度，银器、铜器餐具按时擦拭，无污痕，表面无变色现象发生。瓷器、不锈钢餐具和玻璃制品表面光洁明亮，无油滑感 （3）配套餐具清洁卫生程度，托盘、盖具每餐洗涤
餐具用具卫生	（4）台布、口布每餐撤换与卫生程度，台布、口布每餐换新，平整洁净 （5）各种用品卫生程度，各种餐茶用具日常保管良好，有防尘措施，始终保持清洁
员工卫生	（1）体检与持证上岗是否符合要求，餐厅员工每半年体检一次，持健康证上岗。有传染性疾病者不得继续上岗 （2）员工个人洗盥卫生是否符合要求，员工勤洗澡、勤洗头、勤理发，勤换内衣，身上无异味 （3）服饰仪容卫生状况，岗位服装整洁干净，发型大方，头发清洁无头屑。岗前不饮酒，不吃异味食品。工作期间不吸烟，不嚼口香糖。不在服务区域梳理头发、修剪指甲，不面对食品咳嗽或打喷嚏。女服务员不论何种发型，垂下长度不得过肩 （4）饰物是否符合要求，不戴戒指（结婚戒指除外）、手镯、耳环及不合要求的发夹上岗，不留长指甲和涂指甲油，不化浓妆，不喷气味过浓香水。男服务员不得留长发、不蓄大鬓角 （5）个人卫生习惯是否达标，员工个人卫生做到整洁、端庄

（续表）

检查项目	检查标准
操作卫生	（1）操作前洗手，每餐工作前洗手消毒，在去过盥洗间后要洗手，收拾完用过的盘子和接触现金后，也要尽可能勤洗手 （2）装菜、送菜符合卫生要求，装盘、取菜、传送食品使用托盘、盖具 （3）操作中的个人卫生习惯符合要求，服务操作过程中始终保持良好卫生习惯。不用手拿取食品。取冷菜使用冷盘，热菜用热盘。面包、甜品用托盘、夹子，冰块用冰铲 （4）有无违章操作现象发生，服务员把好饭菜卫生质量关，服务过程中禁止挠头，咳嗽、打喷嚏用手捂口 （5）有无二次污染现象发生，保证食品卫生，防止二次污染 （6）为了避免头发掉落到食品中或拖碰到食品，服务员不宜留长发，女服务员可戴发网，男服务员也要擦些护发油，保持头发整齐 （7）保持工作服、围裙和指甲始终都是干净的，以免把有害的细菌传入食品，也避免影响客人的胃口 （8）用消过毒的抹布擦餐桌和服务柜台，不可把口布、小毛巾当抹布用
操作卫生	（9）拿盘子时，拇指要紧贴盘边。拿玻璃杯时，要只拿住底部或靠近杯底的部分，注意不要触及到杯口边。拿餐叉餐刀等时，要拿餐具的把柄。手指不可接触食品 （10）餐厅里不用手摸头、挖鼻、挖耳和瘙痒等，打喷嚏时，要用手巾纸或手帕捂口

六、定期检查餐厅食品安全

在餐厅的营运操作中，为顾客提供安全和卫生的食品是餐饮企业最基本也是最为重要的前提条件。楼面经理在检查过程中，发现问题尤其是重要问题应随时和员工沟通。在此，提供一份餐厅食品安全检查表，仅供读者参考。

【范例 2-06】

餐厅食品安全检查表

类别	细则	是/否
有无昆虫、老鼠等害虫、害鼠活动的迹象	发现害虫、害鼠的活体	
	发现害虫、鼠的尸体，或排泄物或活动的踪迹	
	在食品操作区发现两只以上苍蝇，同时餐厅的灭蝇灯有不亮现象或餐厅进货时风幕机未开启，或员工未采取其他措施（驱赶、扑打等）	
	餐厅有可以调阅的每月虫害消杀记录档案，或餐厅的消杀档案留存在公司	
有无任何变质或受到污染的原物料/产品，正在或将要被用来制造或包装产品	原物料已超出保质期；（原物料没有时间卡/效期表，视为该原物料超过保存期）	
	加工过程中的原物料有发臭、变味、变色、变质现象	
	原物料、包装物料受到不洁物、化学品（清洁剂/消毒剂）的污染	
	即食产品用原物料、包装物料被生品污染	
产品的外标示及生产日期是否规范、完整、清晰	所有食材的产品标签均完好无脱落	
	所有食材上有明确的中文使用及储藏说明或中文标贴	

（续表）

类别	细则	是/否
有无发生或可能发生交叉污染的现象（以下情况不得在餐厅发生或出现）	接触不洁物品（倒完垃圾、拿钥匙等）后不洗手就去直接操作即食食品	
	食品、包装材料、使用中器具掉在地上，捡起后继续操作或售卖	
	冷库中未按规定将即食食品和生品放在同一边	
	与食品直接接触的设备、设施表面有霉变现象	
	厨房间区域的抹布被用于服务台；卫生间或外场的抹布被用于厨房；厨房中，用被生品污染的抹布接触到即食食品	
	清洁、消毒剂存储在食品操作区域或食品储存区	
有无员工没有合格的健康证及有无危害食品安全的情况	员工无在有效期内的健康证（可以采取抽查的方式来进行，每次抽查5～10人）	
	员工有传染性疾病的症状	
	员工有皮肤外伤，但仍直接从事食品制作	
	员工（食品加工人员）戴饰品（包括手表、戒指、耳环等）操作食品	
有无任何可能会危害员工和顾客安全的危险	在食品加工区域有碎玻璃；使用钢丝球做清洁	
	设备照明/加热灯非正常裸露	
	电线裸露或电器设备违规操作	

七、定期检查餐厅设备

楼面经理要定时查看餐厅设备运转是否正常，以便发现问题后及时通知相关人员维修，保证餐厅正常营业。在此，提供一份餐厅营运设备检查表，仅供读者参考。

【范例 2–07】

餐厅营运设备检查表

序号	项目	标准	备注
1	灯饰	午市11:40，夜市17:40开灯，客人离店后关灯	
2	玻璃门	干净、透明	
3	酒水展示柜	干净、透明、无灰尘、污迹	
4	餐厅标志	规范、完整，无褪色、变形；无灰尘、污迹	
5	门	无破损、变形，无划痕，无灰尘、污迹	客人未到时开启，用餐时关闭
6	天花	无破损、裂痕、脱落，无灰尘、污迹、蛛网	
7	墙面	平整，无破损、脱落，无污迹、蛛网	
8	灯具	完好有效，无灰尘、污迹	
9	地面	平整，无破损、卷边、变形、污迹、异味，干净光亮	
10	花木	无枯枝败叶、修剪效果好，无灰尘、异味、虫害	
11	工艺品	完整无褪色，无灰尘、污迹	转玻上工艺品，菜品放不下时才能挪开
12	家具	稳固完好，无变形、破损、烫痕、脱落，无灰尘、污迹	
13	空调回风口及通风设备	有效，无破损、脱落，无灰尘、污迹，夏季温度不低于26℃，冬季不高于22℃	
14	柜台、电话机	无灰尘、无破损、无油污	

（续表）

序号	项目	标准	备注
15	桌	平稳，使用完好	
16	椅、椅套	椅子平稳，椅套干净、整洁，无破损	
17	落台	清洁、无破损、台面无油污，使用完好；抽屉备用餐具齐全，有足够储备	
18	转玻	清洁、各活动部位润滑良好、运转无异响	
19	客用品	完好无破损，无灰尘、污迹	
20	台布	熨烫整齐，无破损、无污渍	
21	餐巾（口布）	熨烫整齐，无破损、无污渍	
22	面巾	折叠规范、按规定位置摆放	
23	餐具、玻璃器皿	已消毒，按规定位置摆放，清洁、卫生、明亮、无缺口	
24	烟具	清洁、无破损	
25	菜单及宣传品	规范、美观、清晰，无灰尘、污迹、划痕	
26	卫生间	清洁干净，无异味	客人未到时开启，客人到来时关闭
27	电视机	午市11:40，夜市17:40开启电视节目，调至CCTV新闻频道，并将音量调整至适当位置	
28	吧台设备	检查电脑、打印机、发票机、POS机、PDA正常有效；午市11:40，夜市17:40开启背景音乐，音量调整至适当位置	
29	吧台酒水	清洁卫生干净，酒水品种齐全	
30	音响	清洁干净，无杂音	
31	海鲜池	清洁干净，无死鱼虾	
检查时间：			

八、进行客人意见调查

（一）客人动机调查

为了使客人光顾餐厅并且能及时提供适当的服务，楼面经理首先必须了解客人的动机，以便更好地为客服务。为调查客人的动机，楼面经理可分发问卷调查表，请客人填写。

不同餐厅可依其情况的不同，做适当的调整。此问卷应分平日、假日、高峰、清淡时间来调查，但这可能相当困难，所以不妨在开收据时，请客人填写，或是赠送小礼物等商请客人合作。在此，提供一份餐厅客人问卷调查表，仅供读者参考。

【范例 2-08】

××餐厅客人问卷调查表

请您从下列答案中选择您光临本餐厅的三个主要理由：

□交通方便

□菜色味道不错

□外观使人见了愉快

□清洁卫生

□颇有名气

□对服务人员印象良好

□经人介绍

□装潢设备不错

□适合约会聊天

□音乐设备不错

□清静、不拥挤

□备有受欢迎的报纸、杂志

□适合洽谈公事

（二）楼面部自我评估

为使本餐厅深受客人欢迎，楼面经理首先应对本部门进行评估。“楼面部评估表”如表2−6所示。

随手札记

表2-6 楼面部评估表

以下问题是有关客人对本店的印象，请把右栏你认为是最适合的数字圈起来（非常好+2，稍好+1，普通0，稍不好−1，非常不好−2）。无法决定时，请圈0。

内容	评价				
	非常好	稍好	普通	稍不好	非常不好
1．外部					
（1）外观是否比其他店有特征	+2	+1	0	−1	−2
（2）外观上是否配合周围环境	+2	+1	0	−1	−2
（3）门口是否便于客人进入	+2	+1	0	−1	−2
（4）从远处看招牌是否醒目	+2	+1	0	−1	−2
（5）样品及菜单是否让人看得懂	+2	+1	0	−1	−2
（6）是否有多余的食物妨碍观瞻	+2	+1	0	−1	−2
2．内部					
（1）室内空调设备是否良好	+2	+1	0	−1	−2
（2）内部摆设是否恰当	+2	+1	0	−1	−2
（3）整个色调是否适当	+2	+1	0	−1	−2
（4）照明是否适合房间	+2	+1	0	−1	−2
（5）柜台是否整洁	+2	+1	0	−1	−2
（6）厨房是否清理干净	+2	+1	0	−1	−2
（7）地板是否清扫干净	+2	+1	0	−1	−2
（8）花卉与盆栽是否配合得当	+2	+1	0	−1	−2

（续表）

内容	评价				
	非常好	稍好	普通	稍不好	非常不好
（9）桌椅颜色是否适当	+2	+1	0	−1	−2
（10）座椅是否舒适	+2	+1	0	−1	−2
（11）音乐音量与选曲是否适当	+2	+1	0	−1	−2
（12）洗手间是否清洁	+2	+1	0	−1	−2
（13）收银台周围是否清洁	+2	+1	0	−1	−2
3．桌子上					
（1）桌子是否清洁整齐	+2	+1	0	−1	−2
（2）糖罐、烟灰缸与餐巾盒等必需品是否齐备	+2	+1	0	−1	−2
（3）杯子与汤匙的花纹、颜色是否适当	+2	+1	0	−1	−2
4．商品					
（1）本店是否有诱客商品	+2	+1	0	−1	−2
（2）早餐服务与优待券等是否有独特性	+2	+1	0	−1	−2
（3）与其他店比较是否味道好	+2	+1	0	−1	−2
（4）与其他店比较是否价格公道	+2	+1	0	−1	−2
（5）与其他店比较是否种类丰富	+2	+1	0	−1	−2

（续表）

内 容	评 价				
	非常好	稍好	普通	稍不好	非常不好
5．菜单					
（1）样品与菜单照片是否与商品有差异	+2	+1	0	−1	−2
（2）墙上及桌上菜单是否让客人看得清楚	+2	+1	0	−1	−2
（3）追加餐饮是否有优待（如第2杯价格打折）	+2	+1	0	−1	−2
6．员工					
（1）服装是否干净整洁	+2	+1	0	−1	−2
（2）讲话与态度是否良好	+2	+1	0	−1	−2
（3）叫菜是否会弄错	+2	+1	0	−1	−2
（4）要求供应冰水或者烟是否欣然接受	+2	+1	0	−1	−2
（5）是否面带微笑、服务态度良好	+2	+1	0	−1	−2
（6）是否有互相私语	+2	+1	0	−1	−2
（7）是否与特定客人过于亲密	+2	+1	0	−1	−2
7．附属设备					
（1）是否备有报纸、杂志	+2	+1	0	−1	−2

（续表）

内 容	评 价				
	非常好	稍好	普通	稍不好	非常不好
（2）点唱机是否按客人要求设置使用法	+2	+1	0	−1	−2
（3）电视机等是否按客人的要求播放	+2	+1	0	−1	−2
8．营业服务					
（1）营业时间是否配合客人	+2	+1	0	−1	−2
（2）叫餐饮是否迅速送到	+2	+1	0	−1	−2
（3）是否有回收券等服务	+2	+1	0	−1	−2
（4）接打电话、店内广播是否亲切	+2	+1	0	−1	−2
（5）提供小毛巾等服务是否适当	+2	+1	0	−1	−2
（6）冰水的追加服务是否确实在做	+2	+1	0	−1	−2
9．整个情况					
（1）整个店是否有温暖的气氛	+2	+1	0	−1	−2
（2）店名是否易懂、有亲切感	+2	+1	0	−1	−2
（3）光顾本店的是否都是好客人	+2	+1	0	−1	−2

说明：楼面经理对评估表中的全部项目进行评分，然后看综合分数的正负。如果是负数，就应引起注意并加以改进，综合分至少应该在50分以上，否则就难免会倒闭。

（三）客人满意度调查

楼面部的自我评估有助于改善餐饮服务质量，提升服务水平，但是还不够。楼面经理应定期开展客人满意度调查工作，让客人将自己的感受写下来。楼面经理可以结合自我评估的情况和客人满意度调查结果，更全面仔细地找出工作中存在的不足，作出改进。

当然，这需要楼面经理设计好客人满意度调查问卷，按照问卷内容开展调查工作。在此，提供一份某餐厅客人满意度调查表，仅供读者参考。

特别提示：

作为楼面经理，必须经常提醒自己，用客人的眼睛展望餐厅的前途。并且只要客人有批评及建议反映给店方，就应随即采纳并迅速进行改善，如此才能受到大众的欢迎。

【范例 2-09】

××餐厅客人满意度调查表

正确填写方法：在□上画√

1. 请评价您对本餐厅总体满意度如何：		非常满意 ←——→ 极不满意				
		5	4	3	2	1
2. 您如何评价以下情况		极有可能 ←——→ 绝不可能				
（1）如果是相似原因就餐，会再次光临本餐厅吗？		5	4	3	2	1
（2）您愿意将本餐厅推荐给他人吗？		5	4	3	2	1
3. 请您从以下几方面评价本餐厅？		优　秀 ←——→ 无法接受				
抵达	车场服务及领位的服务快捷度和效率	5	4	3	2	1
餐厅环境	餐厅公共区域的清洁程度	5	4	3	2	1
	餐厅的安全保卫	5	4	3	2	1
	餐厅的维护保养状况	5	4	3	2	1
	餐厅卫生间的清洁卫生状况	5	4	3	2	1
	餐厅的安静程度	5	4	3	2	1
	餐厅的照明	5	4	3	2	1
	餐具洁净度	5	4	3	2	1
	您对餐厅的第一印象	5	4	3	2	1
	家具、地毯、地板等状况	5	4	3	2	1
员工	员工能够微笑服务	5	4	3	2	1
	服务员工的专业知识	5	4	3	2	1
	员工的服务与操作技能	5	4	3	2	1
	员工满足您所提需求的及时性	5	4	3	2	1

（续表）

	员工完成您所提需求的准确性	5	4	3	2	1
	员工对您需求的预见能力	5	4	3	2	1
	员工对客人的关注程度	5	4	3	2	1
	员工彼此间是否相互配合	5	4	3	2	1
食品	食品的色彩和装盘质量	5	4	3	2	1
	食品味型、质地和口感质量	5	4	3	2	1
	食品温度	5	4	3	2	1
	上菜及时	5	4	3	2	1
	菜式的可选择性	5	4	3	2	1
	菜品物有所值	5	4	3	2	1

4. 请指出您在本餐厅曾遇到过的问题。（请选择所有相关项目）

□引领到位服务 □员工的态度 □餐厅服务

□员工的知识 □公共区域的清洁程度 □预订准确性

□噪声来自餐厅外 □餐厅维护保养 □您抵达时，餐厅的准备状况

□噪声来自餐厅内 □空调系统（供热／冷） □餐厅员工服务的及时性

□食品质量 □坐厕／洗手盆／卫生间用品 □餐厅员工服务的准确性

5. 您来本餐厅的主要目的是什么？□朋友用餐 □商务 □工作餐 □家庭聚会

6. 您的性别：□男性 □女性

7. 是否有让您感到满意的员工？姓名：__________ 部门：__________

为什么：______________________________

8. 为了改进本餐厅产品及服务，请提宝贵意见。

客人姓名：__________ 联系电话：__________

随手札记

九、每周工作总结

楼面经理应在每周工作结束时，对本周工作做个总结，以便在下周部门经理周例会上通报本部门工作情况。在总结中将本部门出现的问题如实记录下来，并寻求解决方案。在此，提供两份餐厅楼面部一周工作总结，仅供读者参考。

【范例 2-10】

××餐厅楼面部周工作总结

（××××年7月5～12日）

一、本周经营情况如下表所示

二、物耗方面

1.中餐部：7月5～12日合计：9000元，占总指标31000万元的30%，其中（中厨部2550元、中餐厅6150元、餐饮办公室80元、酒吧220元）

2.西餐部：7月5～12日合计：7000元。占指标19500元的36%，其中（西餐厅：4000元、西厨：2000元、员工餐厅：1000元）

三、能耗方面

1.中餐部：7月5～12日合计：55631元，占总指标144200元的39%，其中（中厨煤气：23364元、中餐厅电费：5898元、中厨电费：20944元、中餐厅空调费：5425元）

2.西餐部：7月5～12日合计：22728元，占总指标38200元的59%，其中（西厨煤气：6408元、西餐厅电费：5845元、西厨电费：7780元、会议电费：2692元）

四、人员方面

中餐部：在职员工共81人（其中办公室2人、中餐厅20人，宴会部2人、咨客4人、酒吧2人、管事20人、中厨20人、点心8人、烧味3人），相比编制架构表84人少4人。

西餐部：在职员工共44人（其中西餐厅8人、会议接待6人、西厨15人、员工饭堂15人），相比编制架构表50人少6人。

部门 本周	中餐部 （总指标92.39万元）	西餐部（会议） （总指标53.95万元）
营业总收入（万元）	31	11
总接待人数（人次）	4665	1459
茶市接待人数（人次）	1373	1270
饭市接待人数（人次）	3292	189
茶市人均消费额（元）	33	36
饭市人均消费额（元）	89	59
已完成本月指标	59.04%	34.04%
本月累计	55	18
上年同期	42	22
相比上年同期	增加13万元	减少4万元

五、本周工作总结

1. 楼面部顺利完成了各项接待工作，其中中餐部接待了8个团；西餐部接待了15个团队的客人。

2. 顺利推出从×××美食节第二阶段“创意新菜、映月领鲜”系列菜式的促销活动，客人反映较好。

3. 对新员工及临时工进行专业技能培训，特别是提高临时工的服务意识，使中餐服务在人手紧缺的情况下起到了很好的效果。

不足之处：

由于周末期间生意爆满的情况下，我部新到临时工较多，服务意识较浅导致服务跟不上。

六、下周工作计划

1. 组织人力物力做好旺季的接待工作。

2. 对上周六、周日高峰期计算机死机的问题，本部召开专题会议，制定中西餐入单、结算平时操作的应急预案流程，避免出现运营操作流程中断，影响餐厅声誉。

3. 着重检查楼面部安全、卫生、服务、培训四大工作及督导，提升楼面部各项工作管理水平。

××餐厅楼面部

××××年7月12日

十、每周自我反思

楼面经理在每周工作结束时，除了要做好工作总结外，还应该进行自我反思。每周工作总结是针对楼面部整体工作，而自我反思则是针对自己的。

因为楼面经理的工作主要是管理，也就是与部门内外各级人员如楼面部员工、餐厅其他部门、客人等沟通交流，以完成餐厅的工作。既然是与人交流，就难免会出现沟通不畅的问题，例如，某天同一位客人沟通时，过于急躁，以至于发生冲突，可能会导致餐厅失去这位客人。

楼面经理应不断反思，将这些问题如实记录下来，寻求改进方法，避免在以后的工作中犯同样的错误。

随手札记

【范例 2-11】

××餐厅楼面部周总结与计划汇总表

本周工作总结(1月6～12日)				
总结工作内容	完成时间	完成情况	执行人	督导人
营业额分析，上周目标××万元，实际完成××万元			宋××	陈××
重点对餐前准备卫生的检查，有提升，还需要加强，完善考核机制			宋××	陈××
应知应会，在陈××的帮助下，已经制定完成，本周2、周3进行培训			宋××	陈××
组织人员外出招聘两天，效果不太明显，本周继续跟进			宋××	陈××
完成酒水盘存的工作			宋××	陈××

本周未完成事项			
未完成工作事项	预计完成时间	需提供支持	备注

下周工作计划(1月10～16日)			
计划工作内容	预计完成时间	执行人	督导人
协助人力资源部，组织全体部门人员观看分享，前期培训的视屏	本周内	宋××	陈××
培训应知应会	本周内	宋××	陈××
继续加强对菜品知识及点菜方法，技巧的培训	本周内	宋××	陈××
加强餐前准备的检查力度，本周质量不达标的给予处罚	本周内	宋××	陈××
对楼面部的物资进行盘点	本周内	宋××	陈××
加强对人员的心理思想引导。防止人员流失	本周内	宋××	陈××

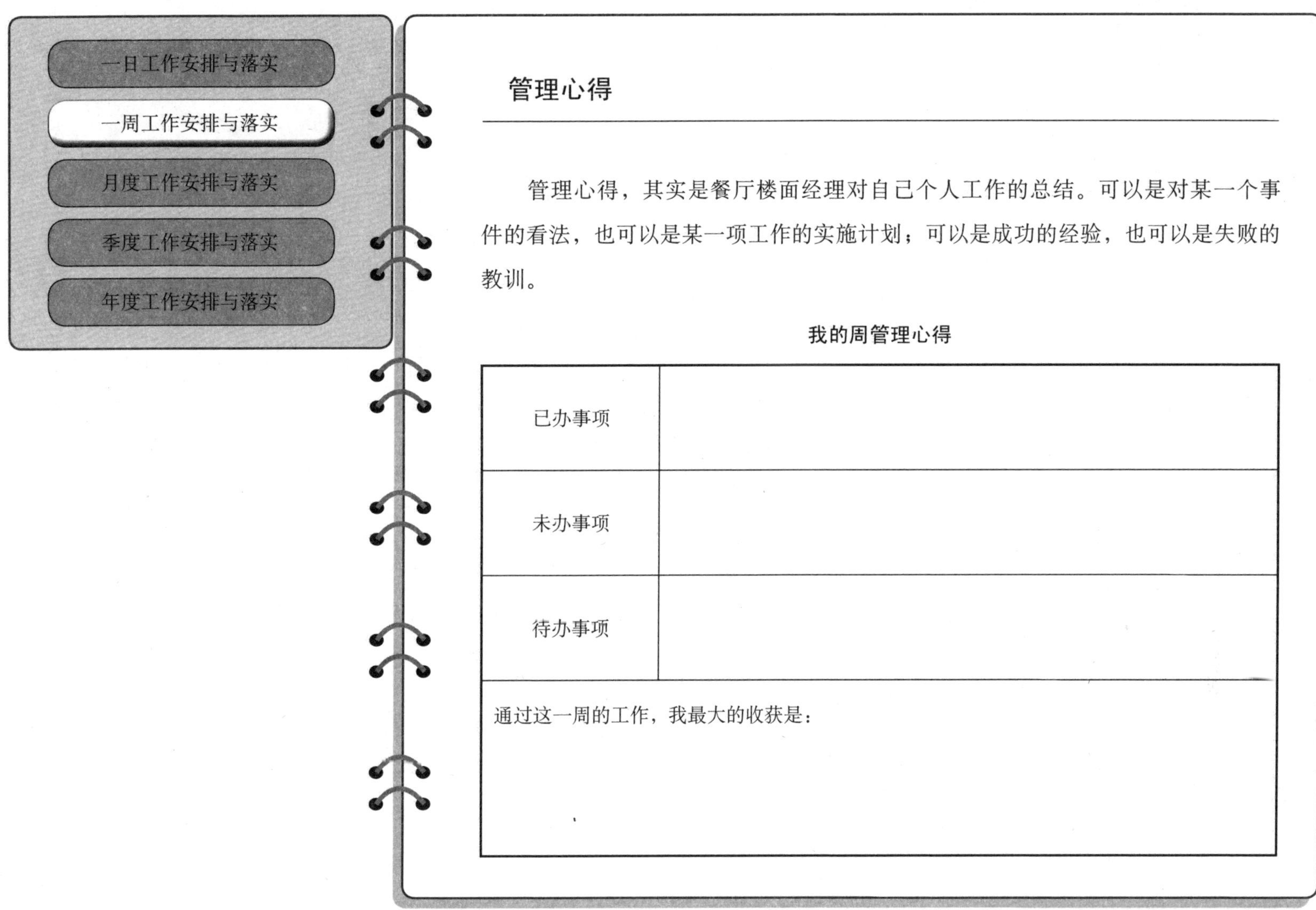

管理心得

管理心得，其实是餐厅楼面经理对自己个人工作的总结。可以是对某一个事件的看法，也可以是某一项工作的实施计划；可以是成功的经验，也可以是失败的教训。

我的周管理心得

已办事项	
未办事项	
待办事项	
通过这一周的工作，我最大的收获是：	

第三章

如何安排与落实月度工作

餐饮店楼面经理工作事情多且杂，需要与各个部门沟通协调，如果没有按时做好工作，就会影响其他部门正常运转。如没有及时与厨房部沟通，就会导致客人投诉。

每个月的工作有常规的，也有突发的，楼面经理要做到让自己忙而不乱，井井有条，就必须做好工作安排。

一、制订月度工作计划

（一）月度重点工作指引

一年有12个月，每个月楼面经理都有大量工作要做，如审查各类报表，巡视楼面，培训员工，参加各种会议等。为了使工作变得井然有序，楼面经理可以制定月度重点工作表，将每个月要做的重点事情列在表上予以特别关注，优先处理，从而避免完全陷入日常琐事中。表3-1是某楼面经理的月度重点工作指引。

当然，你可以根据自己的实际情况来编制一份月度重点工作指引表。在编写中要仔细思考，所安排的这些工作是否符合实际情况，若不符合，要及时修改。

（二）月工作计划

楼面经理确定了每一个月的重点工作之后，就要制定每个月的具体工作计划。以下是某楼面经理的月工作计划，见表3-2。

表3-1　月度重点工作表

月份	重点工作	备注
1月	（1）组织完善楼面部管理制度，编制部门计划 （2）楼面部设备管理，提出更新改造方案，提高设备完好率和利用率 （3）做好年度预算工作	
2月	（1）确定楼面部新员工需求数量 （2）配合人力资源部招聘新员工 （3）对新员工进行入职培训指导	
3月	（1）制定楼面部对客服务作业标准 （2）对楼面部的物料进行第一季度盘点 （3）总结部门第一季度工作，并制订下一季度工作计划	
4月	（1）开展楼面部卫生大检查工作 （2）检查并完善楼面部服务项目	
5月	（1）组织新员工培训管理 （2）对新员工进行服务意识培训 （3）组织部门管理人员培训	
6月	（1）组织开展“服务月”活动 （2）对楼面部物料进行第二季度盘点 （3）总结部门第二季度工作，并制订下一季度工作计划	
7月	（1）建立部门突发事件应急处理预案 （2）接待大型宴会客人	

（续表）

月份	重点工作	备注
8月	（1）组织带领部门季度优秀员工到省内旅游 （2）组织年度楼面部服务员操作技能大赛 （3）对楼面进行大清洁	
9月	（1）楼面部管理基础知识培训 （2）制订十一黄金周楼面部接待计划 （3）总结部门第三季度工作，并制订下一季度工作计划	
10月	（1）全力组织部门人员十一黄金周客人接待工作 （2）实施楼面部设施设备管理新规定 （3）楼面部计划卫生实施情况抽查	
11月	（1）制订楼面部设备更新改造计划 （2）年度客人投诉处理情况分析	
12月	（1）楼面部门年终总结及下年度工作安排 （2）配合人力资源部对员工进行年终绩效考核 （3）制订春节期间楼面部接待计划	

二、制订每月排班表

合理的安排班次，对有效地组织餐厅服务活动、提高工作效率、取得最佳经济效益都有十分重要的意义。楼面经理安排班次要根据各餐别服务活动的特点、营业时间、服务人数和工作任务等因素综合考虑，做到合理安排，使每个服务人员能够充分地发挥作用。安排服务时间和班次，要以方便客人、满足客人需求为出发点。

表3-2　月工作计划表

序号	工作内容	阶段目标	目标达成时间				责任人
			第一周	第二周	第三周	第四周	
1	检查楼面部设备	修理或更换已损坏的设备	○				
2	收集客人意见	根据客人意见改进工作中不完善的地方			○		
3	参加新入职员工指导会议	向新员工仔细介绍餐厅概况及楼面部具体情况		○			
4	开展楼面部月度员工培训计划	提高员工实际操作技能		○			
5	准备本月工作总结和下月工作计划	了解本月楼面部经营情况，对不完善的地方进行改进				○	
……	……						

（一）排班的原则

楼面经理安排排班表时，必须权衡人员和营运的需要，满足个人的需要固然有助于提高士气和生产力，但是营运的需要也不能忽略。以下的原则兼顾了人员和营运的需求，使楼面部的排班表可以在两者之间取得平衡：

（1）楼面部排班表应以月为单位，每月安排一次，至少在每月月底（26、27日）时完成，月底以前公布。

（2）管理人员平均每周工作5日，每天工作9小时，每月尽量在周六或周日安排一次休息。

（3）服务员平均每周工作6日，每天工作8小时，保证每个月休息4天，休息可视实际需求轮流进行。

（二）排班的方式

餐厅班次安排的方式有两种：一是“两班制”；二是“插班制”，楼面经理可根据楼面部实际情况作出合理安排。

1．两班制

两班制即将所有餐厅服务人员对半分：一部分上早班，开早餐和午餐；另一部分上晚班，开晚餐和消夜，隔周转换。这种方法简便、好记，但在非营业时间会出现人浮于事的现象，而在就餐的高峰时，人手又显得不足。

2．插班制

插班制是根据一天三餐中的高峰时间，将餐厅服务人员分成人数不同的多个小组，高峰时人员比较集中，非营业时间里只留少量几个服务员做准备和收尾工作，而让大部分服务员得到休息。这种排班的方法能够适应大多数餐厅服务活动的需求，充分利用现有的服务人员，保证经营活动的顺利进行。在此，提供一份餐厅采用插班制制定的排班表，仅供读者参考。

【范例 3-01】

××餐厅楼面部排班表

部门：　　　　　　　　　　　　　　　　日期：

序号	工号	姓名	职务	1	2	3	4	5	…	28	29	30	31	备注
1	2001	朱××	收银员	A	A	B	B	B		C	C	C	C	
2	2003	周××	楼面服务员	A	A	A	B	B		B	B	B	B	
3	2007	齐××	楼面服务员	B	B	B	B	B		B	B	B	C	
4	2008	王××	楼面主管	B	B	B	C	C		C	C	C	C	
5	2009	韩××	吧台服务员	B	A	A	C	C		C	C	C	C	
6	2016	曾××	吧台服务员	C	C	C	C	B		B	B	B	A	
7	2019	田××	吧台主管	C	C	C	C	B		B	B	B	A	
8	2005	潘××	吧台服务员	A	B	B	B	B		C	C	C	C	
9	2026	马××	吧台服务员	A	A	A	A	A		C	C	A	A	

说明：早班A：9:00～16:00，中班B：11:00～19:00，晚班C：14:30～22:00。

三、在岗员工培训

楼面经理要对在岗员工的培训工作予以高度重视。因为楼面部每个岗位都有很多专业知识，需要在岗员工不断深入学习。一般来说，在岗员工的培训工作包括服务意识培训、岗位技能培训、升职晋级培训、外语培训等。

（一）服务意识培训

餐厅是服务行业，服务水平的高低直接决定了餐厅的形象和最终收益。但是许多员工，即使已经正式入职很长时间，却仍然没有充分认识到服务的重要性，导致在平时对客服务中出差错，引起客人不满，给餐厅造成损失。

因此，楼面经理应对部门员工进行有针对性的服务培训，反复不断地向员工强调优质服务意识。在此提供一份某餐厅楼面部服务培训的标准，仅供读者参考。

【范例 3-02】

××餐厅餐饮服务培训标准

1. 目的

为提高楼面部人员的服务质量，提升餐厅形象，特制定本标准，望相关人员遵照执行。

2. 仪容仪表

（1）楼面部所有员工都需穿着整洁，工服需经常换洗，皮鞋必须始终保持干净光亮。

（2）工作牌须佩戴在外衣或大衣左胸前。

（3）女员工需化淡妆，将长发扎起，保持整洁。

（4）楼面服务员的站姿要保持直立，但注意不要僵硬，不能倚靠墙壁或桌椅，更不能背靠前台。

3. 工作行为

（1）工作时间禁止看报纸或杂志。

（2）工作时间禁止睡觉。

（3）工作时间禁止吸烟。

（4）工作时间禁止聊天。

4. 礼节礼貌

（1）楼面部员工在任何时候都必须以热情、礼貌的态度接待客人。

（2）不允许与客人争吵，即使是客人的错，也要记住：客人永远是对的。

（3）如果是我们的错，要向客人真诚地道歉，说：“对不起，先生/小姐。”

（4）主动向客人问好，始终保持微笑与目光接触。

（5）使用标准问候语：早上好、下午好、晚上好、晚安等。

（6）不要对客人说“不”，如果你听不懂或不知道答案，请求别人帮助。

（7）在与客人交谈时尽量使用尊称。如果是常客，应以全名称呼。

（8）要经常使用“请”和“谢谢”。

5. 其他标准

（1）楼面部员工应熟知餐厅各项服务设施。

（2）楼面部员工应熟知餐厅营业时间、特殊时间和周边旅游知识。

（二）岗位技能培训

要想让员工以最佳效果完成工作，就必须进行岗位技能培训。尽管有些在职员工都已接受了这些培训，但在平时的工作当中往往又忽略了，如客人点了某道菜后，服务员不清楚厨房还有没有这道菜等，楼面经理通过这些岗位技能培训可使在职员工的工作水平得到不断的提高。

楼面经理对基层员工的培训应侧重其实际操作技能，比如楼面服务员上菜的培训，培训目的是使员工熟练掌握这些技能，以减少失误，提高效率。楼面经理可根据具体的操作技能制订相应的培训计划，必要时楼面经理可亲自担任培训讲师。培训结束后，楼面经理应对员工进行考核，以便保证培训达到了预期的效果。在此提供一份餐厅楼面部对服务员的托盘技能培训，仅供读者参考。

【范例 3-03】

××餐厅岗位技能培训

培训内容：托盘的使用方法。

培训时间：××

培训地点：×××

一、理论知识

1. 定义

托盘是餐饮服务员端送菜肴、酒水、撤换盘碟等的常用工具。

2. 托盘的分类

（1）从质地上分，主要有金属托盘（如铝制、不锈钢等）、硬质塑料托盘和搪瓷托盘等种类。

（2）从尺寸上分，可分为大、中、小三种规格。

（3）从形状上分，可分为方形、长方形和圆形等种类。

①大长方形和大方形托盘，主要用于运送菜肴、酒水、盘碟等分量较重的物品，一般用在大型宴会上。

②中型托盘（中方形和中圆形）用途

随手札记

较广，可以运送菜肴，也可以托送酒水，还可以用于摆、撤餐台。

③小型托盘多用于送茶、咖啡、饮料，有的餐厅则用于递送账单等。

3. 托盘的方法

托盘的方法，按其所托的重量差别可分为轻托与重托两种。

（1）轻托（胸前托）操作方法：

①理盘：在理盘前要将托盘及手进行消毒。将要用的托盘洗后用布擦干放上洁净的花垫或布垫上，垫布的大小和托盘相适应，外露部分均匀。这样既美观又整洁，还可防止托盘内东西的滑动而发生意外。

②装盘：根据物品的形状、重量、体积和使用的先后次序合理装盘。重物合理装配，轻托的物品装盘除碟、碗外，一般要求平摆，并根据所用的托盘形状码放。用圆托盘时，码放物品应呈圆形；用方托盘时横竖成行；但二者的重心应在托盘的中心部分，摆放均匀，保持重心。先用的在上、在前，后用的在下、在后等。

③托盘：托盘用左手，端放在左手掌上为客人服务。方法是：左手向上弯曲，小臂垂直于左胸前呈90度，肘与腰部距15厘米，大臂垂直，掌心向上，五指分开，用手指和掌托住盘底，手掌形成凹形，使之平托与胸前，掌心不与盘底接触，托起前左脚超前，左手与左肘呈同一平面。用右手紧紧把盘拉到左手和左肘上，先用左手、左肘把盘放于平肘上，再用右手调整好盘内的物件。确保托盘平衡，使之平托于胸前。

④行走：头正臂平、上身挺直、注视前方、脚步轻缓、动作敏捷、步伐稳健、视线开阔。托盘时手腕转动轻松、灵活。使托盘随走动的步伐自然摆动。切记不可出现僵硬和托盘摆动幅度太大而不美观、不高雅的动作。

⑤卸盘：当物品送到餐厅时，小心的放在一个选择好的位置，双手将盘端至桌前，放稳后再取物品。从盘两边交替拿下。

（2）重托方法：

重托一般指托5千克以上的物品，常用于宴会送菜、送汤，收拾大规格菜盘等。

重托是对较大且重的物品的端托，需服务员有一定的臂力和技巧。

①理盘：与轻托基本相同，应选大小适宜的托盘。重托往往端托汤汁较多的物品，做好清洁工作是非常重要的，只有及时将盘内的油污清洗干净，才能避免物体滑动的事故。

②装盘：做到托盘内的物品分类码放，均匀得体，使物品的重量在盘中分布均匀，并注重把物品按高矮大小摆放协调，切忌将物品无层次地混合摆放，以免造成餐具破损。装盘时还要使物与物之间留有适当的间隔。以免端托行走时发生碰撞而产生声响。

③托盘：重托又叫肩上托，重托起托的姿势是双手将盘移至服务台边，使托盘1/2悬空。右手扶托盘将托盘托平，双脚分开呈八字形，双腿下蹲，略成骑马姿势，腰部略向前弯曲。左手伸开五指托起盘

底。掌握好重心后，用右手协助左手向上用力将盘慢慢托起，在托起的同时，左手和托盘向上向左旋转过程中送至左肩外上方，待左手指尖向后托盘距肩2厘米处，托实、托稳后再将右手撤回呈下垂姿。托至盘子不靠臂、盘前不靠嘴、盘后不靠发（右手扶住盘前角）。托盘一旦托起，要始终保持均匀用力，将盘一托到底。否则会造成物品的歪、撒、掉、滑的现象。并随时准备摆脱他人的碰撞，上身挺直，两臂平行，注视前方。行走步履稳健平缓，臂不倾斜，身不摆晃，遇障碍物绕而不停，起托后转，掌握重心，要保持动作表情轻松、自然。

二、实操练习

（1）培训人员现场讲解，示范使用托盘技巧。

（2）基础练习：服务员将一个盛满水的大汤盆放在圆托上，在指定的路线上练习行走。

练习时间：40～60分钟。

练习要求：保持托盘平行、平稳，基本没有水溢出。

（3）实操练习：服务员将盛满的2个汽水瓶、2个塑料矿泉水瓶、2杯冰水、4只水杯，按内高外矮，内满外空，内重外轻，放在托盘上行走（在指定路线上）。

练习时间：30分钟。

练习要求：保持托盘平行、平稳，没水溢出。

（4）服务练习。

①上饮品：服务员将盛装满的2个汽水瓶、2个塑料矿泉水瓶、2杯冰水、4只水杯，按内高外矮，内满外空，内重外轻的要求放在托盘上，在指定路线上行走。然后逐一为客人上饮品。全部饮品上完后，再重新开始将饮品和瓶撤走。

练习时间：30分钟。

练习要求：

· 饮品按内高外矮，内满外空，内重外轻摆放。

· 保持托盘平衡，没有倒瓶现象，行走自如。

· 在客人右边，按先女后男，顺时针

随手札记

方向服务上饮品。

·上饮品时提醒客人，让客人知道你在身旁时，再为客人上饮品。

·服务饮品时，杯应摆在正对客人的位置上。

·拿杯时，握杯脚和杯座。

·报饮品名称："这是你的……"。

·倒饮品至杯中八分满，将未倒完的瓶放在杯的右上方。

·请客人慢用："请慢用"。

·服务中，饮品不溢出托盘及餐台、客人身上。

·服务时轻松自如，保持微笑。

——用托盘将客人台面上的杯、瓶撤走。

练习要求：

·在客人右边询问客人可否撤走杯、瓶。"请问可以把它拿走吗"？

·先撤空瓶，再撤空杯。

·按内高外矮，内满外空，内重外轻的要求放在托盘上。

·正确姿势使用托盘。

·保持托盘平衡，没有倒瓶、倒杯现象，行走自如。

·收撤动作轻松、自然，面带微笑。

三、考核

培训结束后，要对培训学员进行考核，以评估培训的效果。托盘操作考核见下表。

圆托盘操作考核表

项目		标准分	姓名		
			周××	章××	李××
			扣分	扣分	扣分
端圆托盘技巧	（1）手掌向上，五指自然伸开，掌心微凹。托着圆托底部的中央位置	5分			
	（2）后臂垂直，前臂、手腕、手掌成一直线（平面），与后臂成90度	5分			
	（3）托盘的高度可自行调节以达到自己最舒服、最省力的位置上	4分			
	（4）圆托的边沿某一点可触放手腕上以达到更省力的效果	4分			
	（5）托盘的物品摆放原则上遵循： a.内高外矮；b.内满外空；c.内重外轻	5分			
上饮品服务	（1）保持托盘平衡，没有倒瓶现象行走自如	8分			
	（2）在客人右边，按先女后男，顺时针方向服务饮品	2分			
	（3）上饮品时提醒客人，说："先生/小姐"，让客人知道你在身旁时，再为客人上饮品	5分			

（续表）

<table>
<tr><th colspan="2" rowspan="3">项　目</th><th rowspan="3">标准分</th><th colspan="3">姓名</th></tr>
<tr><th>周××</th><th>章××</th><th>李××</th></tr>
<tr><th>扣分</th><th>扣分</th><th>扣分</th></tr>
<tr><td rowspan="7">上饮品服务</td><td>（4）服务饮品时，杯应摆在正对客人的位置上</td><td>2分</td><td></td><td></td><td></td></tr>
<tr><td>（5）拿杯时，握杯脚和杯座</td><td>5分</td><td></td><td></td><td></td></tr>
<tr><td>（6）报饮品名称：“这是你点的……”</td><td>3分</td><td></td><td></td><td></td></tr>
<tr><td>（7）倒饮品到杯中至八分满，将未倒完的瓶放在杯的右上方</td><td>5分</td><td></td><td></td><td></td></tr>
<tr><td>（8）请客人慢用：“请慢用。”</td><td>3分</td><td></td><td></td><td></td></tr>
<tr><td>（9）服务中，饮品不溢出托盘及餐台、客人身上</td><td>8分</td><td></td><td></td><td></td></tr>
<tr><td>（10）服务时轻松自如，保持微笑</td><td>5分</td><td></td><td></td><td></td></tr>
<tr><td rowspan="6">撤走杯、瓶</td><td>（1）在客人右边询问客人可否撤走杯、瓶。“请问可以把它拿走吗？”</td><td>3分</td><td></td><td></td><td></td></tr>
<tr><td>（2）先撤空瓶，再撤空杯</td><td>5分</td><td></td><td></td><td></td></tr>
<tr><td>（3）按内高外矮，内满外空，内重外轻的要求放在托盘上</td><td>5分</td><td></td><td></td><td></td></tr>
<tr><td>（4）正确姿势使用托盘</td><td>5分</td><td></td><td></td><td></td></tr>
<tr><td>（5）保持托盘平衡，没有倒瓶、倒杯现象，行走自如</td><td>8分</td><td></td><td></td><td></td></tr>
<tr><td>（6）收撤动作轻松、自然，面带微笑</td><td>5分</td><td></td><td></td><td></td></tr>
<tr><td></td><td>总分：</td><td>100分</td><td></td><td></td><td></td></tr>
</table>

随手札记

（三）升职晋级培训

餐厅内的基层管理人员如各部门领班主管等，他们往往会有比较强烈的升职愿望，因此，楼面经理应高度重视他们对升职晋级的强烈需求，与人力资源部进行合作，制订相适应的培训计划，如表3-3所示。

（四）外语培训

外语培训对涉外餐厅或接待外宾较多的餐厅较为有用，它主要分为两部分：一是餐厅岗位外语部分，要求每位在职员工都必须达到某种水平，如初级、中级或高级，同时明确要求不同级别员工必须达到的外语水平：如领班主管必须要通过中级，基层员工必须通过初级，而部门经理必须通过高级等。否则不给予提升或加薪，将外语作为员工素质的一部分，纳入到餐厅薪酬体系当中。

当然这就要求外语培训资料是完善

表3-4 管理人员培训表

培训对象	培训内容
管理人员	按照管理人员未来工作岗位的需要，设计培训课程和提出岗位实习要点。培训内容如下： （1）经营理念及企业形象的维护 （2）餐厅、后厨设计及设备规划标准 （3）用人制度规定 （4）会计制度、现金运作、财务报表规定 （5）采购进货、价格政策 （6）存货盘点及物料管理制度 （7）对紧急事件处理的原则规定 （8）熟悉各项设备、炊具、餐具的使用操作、保养维修 （9）了解各项商品进出的运作及记账方式 （10）每日结账、账务管理办法 （11）人员使用、培训辅导及士气激励 （12）员工调薪、福利及纪律管理 （13）报表的填写、分析 （14）员工业绩考核方法 （15）店内紧急事件处理的实务演练 （16）对客人的礼仪 （17）客人意见调查、收集及向上级汇报 （18）对客人投诉的处理 （19）市场信息的搜集 （20）广告宣传促销

的和客观的，对不同级别的外语的培训资料、考核等必须是配套的。另一部分就是一般性的外语培训，同样可分为初级和提高两类，主要为那些外语基础较差的员工而设置。在此，提供一份某餐厅员工常用英语，仅供读者参考。

【范例 3-04】

××餐厅员工常用英语

一、欢迎问候语

1. How do you do?
   你好！
2. Good morning/afternoon/evening!
   早上（下午/晚上）好！
3. How are you （doing）?
   你好吗?
4. Welcome，sir（madam）.
   欢迎光临，先生（女士）。
5. come in，Please. Welcome to our restaurant.
   请进，欢迎光临我们餐厅。
6. We're glad to have you here.
   我们很高兴你来到这儿。
7. Nice to meet you，sir.
   见到你真高兴，先生。
8. Nice to meet/see you!
   很高兴见到你！
9. It's good to see you again，sir（madam）.
   再次见到你真高兴，先生（女士）。
10. I hope you'll enjoy yourself here.
   希望你在这里度过美好时光。

二、感谢应答语

1. Thank you very much.
   非常感谢。
2. Not at all. /You are welcome.
   不用谢。
3. That's all right.
   没关系。
4. Oh, you flatter me.
   哦，你过奖了。
5. I'm glad to serve you.
   非常高兴为你服务。

随手札记

6. It's my pleasure.
这是我的荣幸。
7. Thanks for the trouble.
麻烦你了。
8. It's very kind of you.
你真是太好了！
9. No，thanks.
不用了，谢谢！
10. Thank you for telling us about it.
谢谢你告诉我们。
11. Thank you for your advice.
感谢你的忠告。
12. Don't mention it.
不用谢。
13. I'm at your service.
乐意为你效劳。

三、征询语

1. Would you like to leave a message?
你需要留口信吗?
2. I beg your pardon?
你能再说一遍吗?
3. What do you think of our service?
你觉得我们的服务怎么样?
4. What can I do for you?
有什么可以为你效劳的吗?
5. How many people, please?
请问一共几位?

四、致歉语

1. Pardon me for interrupting.
对不起，打扰你们了。
2. Please excuse me for coming so late.
请原谅，我来迟了。
3. I'm sorry, I was so careless.
很抱歉，我太粗心了。
4. Will you please speak more slowly?
请你讲得慢一些，行吗?
5. Sorry, I still don't understand what you said.
对不起，我没有听懂你讲的。
6. I'm sorry，sir（madam）.
对不起，先生（女士）。
7. Excuse me for interrupting.
不好意思，打扰了。
8. I'm sorry to trouble you.
对不起，打扰你了。
9. I'm sorry to have kept you waiting.
对不起，让你久等了。
10. I'm so sorry, please wait a few minutes.
真抱歉，请再等几分钟。
11. I hope you'll forgive me.
我希望你能原谅我。
12. I'm awfully sorry.
我感到十分抱歉。
13. I'm very sorry，There could have been a mistake. I do apologize.
非常抱歉，这儿肯定是出错了。真的对不起。
14. Sorry，I'll let you know when I make sure of it.
对不起，等我弄清楚了马上向你解释。
15. I'm sorry，we have run out of ...
很抱歉，我们把……都用完了。
16. I'm sorry to bump into you.
对不起，撞着你了。

17. I'm afraid I've taken up too much of your time.
耽误你那么多时间真不好意思。
18. I'm sorry to have given you so much trouble.
很抱歉给你添了那么多麻烦。
19. I apologize for this.
我为此事道歉。
20. I'm afraid it's against the restaurant's regulations.
对不起，这不符合餐厅的规定。
21. I'm sure you it won't happen again.
我保证此事绝不会再次发生。
22. I'll look into the matter.
我会调查一下。
23. It won't be too long, sir.
时间不会太长的，先生。

五、提醒语

1. Mind your step.
请走好。
2. After you.
你先请。
3. Please don't leave anything behind.
请带好你的随身物品。
4. Please don't smoke here.
这里不允许吸烟。
5. Here you are.
给你。
6. Be care of the ceiling, sir.
小心头顶，先生。

六、祝愿语

1. Welcome to come here again, Goodbye.
欢迎你下次再来，再见。
2. Have a good time!
祝你们玩得愉快！
3. Have a nice（good） day!
祝你今天过得愉快！
4. Happy Birthday!
生日快乐！
5. Merry Christmas!
圣诞快乐！
6. May you succeed!
祝你成功！

随手札记

7. Goodbye and good luck.
   再见，祝你好运。
8. Hope to see you again.
   希望再次见到你。
9. We all look forward to serving you again.
   我们期待能再次服务你。
10. Mind/（Watch）your step.
    请走好。
11. Glad to be of service，please feel free to contact us anytime.
    很高兴能为你服务，有需要请随时联系我们。
12. Thank you！Welcome to come back again.
    谢谢！欢迎再来。

四、为特殊客人提供特殊服务

餐厅经常会接待一些特殊客人，如醉酒客人、残疾客人、带小孩的客人等。作为楼面经理，要带领全体员工为特殊客人提供特殊服务。

（一）醉酒客人

在餐厅吃饭，经常有一些喝多了的客人，有的趴在桌上酣睡，有的豪情万丈，有的不受控制地高声叫喊，有的甚至发酒疯、摔餐具、骂人、打人。面对这种局面，楼面经理应该做好以下几点：

（1）提醒已经喝多了的客人及在座的其他客人，让其注意酒喝多了，会影响身体健康。

（2）给醉酒客人端来糖水、茶水解酒。餐厅也可备些解酒药，供客人服用。

（3）客人来不及上洗手间呕吐的，服务员不能表现出皱眉、黑着脸等容易激怒客人的动作和表情，而是要赶紧清理。

（4）建议呕吐了的客人吃些面条、稀饭等容易入口的软性食品。

（5）如果客人发酒疯，应请在座的其他客人进行劝阻，使其安静下来。

（6）如果客人醉酒打烂了餐具，应进行清点，后让客人照价赔偿。

（7）发现醉酒者出现呼吸困难等紧急状况，应立刻拨打120求救，或将醉酒者送往医院。

（8）同时，无论如何，服务员或值班负责人员均应将事故及处理结果记录在工作日志上。

（9）客人若是因为庆祝、团聚等一些令人高兴的原因而喝醉的，服务员可以礼貌而婉转地劝其不要再喝。

特别提示：

有的客人是因为有了不愉快的事情而喝闷酒，导致醉酒发生，服务员同样要温和、婉转地劝其少喝些，并可以适当地与客人交谈几句，说一些宽心和安慰的话。不过，千万不要谈得太具体、太深入。

（二）残疾客人

残疾人最怕别人用异样的眼光看待他们，楼面经理应告知服务人员，绝不能用怪异的眼光盯着残疾客人，而是要用平等、礼貌、热情、专业的态度为其提供，尽量将他们安排在不受打扰的位置。

1．盲人客人

盲人客人因为看不见，服务员应给予其方便。具体做法为：

（1）为其读菜单，给予必要的菜品解释；同时，在交谈时，避免使用带色彩性的词作描述。

（2）每次服务前，先礼貌提醒一声，以免客人突然的动作，使你躲避不及，造成意外发生。

（3）菜品上桌后，要告诉客人什么菜放在哪里，不可帮助客人用手触摸以判断菜品摆放的位置。

2．肢体残疾客人

（1）服务员应将客人安排在角落、墙边等有遮挡面，能够遮挡其残疾部位的座位上。

（2）帮助客人收起代步工具，需要时帮助客人脱掉外衣。

（3）客人需要上洗手间时，要帮助客人坐上残疾车，推到洗手间外。如果需要再进一步服务的，请与客人同性的服务员继续为其服务。

3．聋哑客人

对于聋哑客人，服务员要学会用手势示意，要细心地观察揣摩，可以利用手指菜肴的方法征求客人的意见。

4．注意事项

（1）在为残疾人服务时，服务员既要表现出热情、细致、周到的服务，又要适可而止。有的肢体残疾人不愿意让别人把他当成残疾人看待，所以要注意不要在服务过程中热情过度或提及残疾方面的词语，给予客人一视同仁、平等待人或既温暖又受到尊重的感觉就好了。

随手札记

(2) 在为残疾人进行结账服务时，服务员要耐心地向客人解释账单，有时可以逐项累计菜价，让客人心里明白。残疾人付款时，服务员要告诉客人所收的钱数和找付的钱数，一定要让其弄清楚。

(3) 服务员千万不要帮客人从钱包里拿钱，以免造成其他不必要的麻烦，或引起客人的误会猜疑；即便是盲人，也应该让其自己拿钱、自己装钱。盲人可以通过手摸来感觉钱票面额的大小，人民币上都印有盲文。

(三) 带小孩客人

带小孩的客人来餐厅用餐，服务员要给予更多的关注和照顾，服务员所做的每一点努力，都会得到客人的认可与赞赏。服务员可以从下面几个方面着手，去照顾带小孩的客人用餐：

(1) 对年幼的小客人要耐心、愉快地照应，并帮助其父母，使小朋友坐得更舒适一些。可以为小孩拿来儿童专用椅，一般的餐厅都应准备好这样的专用椅。

(2) 在小孩的桌上，不要摆放刀叉等餐具，另外像易碎的糖缸、盐瓶等物品也应挪到孩子够不着的地方，以免发生意外。

(3) 如果有儿童菜单，请家长先为孩子点菜，点了菜之后，可以先给孩子上菜，孩子的菜要注意软、烂、易消化。

(4) 孩子使用的餐具要安全，一般可以使用金属的，而不要选择玻璃制品，给孩子斟饮料，不要用太高的杯子，最好用短小的餐具，以方便其使用。

(5) 尽可能地为小朋友提供围兜儿、新的坐垫和餐厅送的小礼品，这样会使孩子的父母更开心。

(6) 如果小朋友在过道上玩耍，打扰了其他客人的正常用餐，要向他们的父母建议，以免其他意外的发生。

(7) 当孩子用餐完毕，服务员可以给孩子提供一些简单的玩具供其玩耍，或是帮助家长照看一下小孩，让大人免除牵挂地用餐。

(8) 有的孩子十分可爱，服务员喜欢上去逗弄孩子，但若非很熟，最好不要抱小孩或是抚摸小孩的头，有些孩子的父母不喜欢看到这种情形。没有征得孩子父母的同意，服务员也不要随意给孩子吃东西。

总之，对于带小孩用餐的客人，服务员既要热情，又要得体，要注意把握好分寸，千万不要适得其反。

(四) 老年客人

如果就餐的客人是老年人，年老体弱就更需要服务员给予特殊照顾。若是看到老的客人独自来用餐，身边无其他同行的客人时，服务员应主动地扶他们就近入座，要选择比较安静的地方，放好手杖等物，在客人离开前，主动地把手杖递到他的手中。在给老年客人上菜时，要注意速度应快一些，不要让其久等，给老人做的饭菜，还要做到烂、软，便于咀嚼。总之，对于老年客人，服务员应给予更多的细心与关心。

五、巧妙应对常见问题

作为楼面经理，其实可以说是一个问题解决者，特别是许多客人往往喜欢直接叫经理出来，让经理来处理问题。当然，楼面经理在平时也应加强员工在解决问题的能力，尽量将问题处理在萌芽状态。在此，提供一份餐厅常见问题的处理方法，仅供读者参考。

【范例 3-05】

××餐厅常见问题处理方法

一、菜、汤汁溅到客人身上

菜汁、汤汁、酒水溅到客人身上，往往是由于服务员操作不小心或违反操作规程所致。在处理这种事件时应首先诚恳地向客人道歉，然后用干净的湿毛巾为客人擦拭衣物上的污渍；如是女客人，应由女员工为其擦拭。如果不奏效，要将餐厅备用的干净衣服给客人换上，把脏衣服按下列方式进行处理：

（1）油渍，用清洁剂和热水将弄脏的衣服浸泡半小时后，再搓洗干净。

（2）茶渍、咖啡渍，尽快将衣服浸泡在冷水里，即可用一般的方法清洗。

（3）红酒酒渍，衣服入水前，将白酒或酒精倒在红酒渍上，也可用醋精或米醋倒在红酒渍上反复搓，再将衣物放入较热的清水中清洗。

除以上方法外，也可将衣服送到专业的洗衣店清洗。衣服洗净、熨平后，由楼面主管亲自给客人打电话联系送衣地点。带上由餐厅经理签名的致歉函，把衣服送到客人手中。

二、客人AA制

越来越多的人接受吃饭AA制，对此，餐饮服务员应该有所准备，提供有效服务。一般的AA制，餐后先由一人结账，再

随手札记

人均平摊所需费用。这种AA制通常由客人私下自己解决，对餐厅的服务工作并无什么特别要求，但对于各点各的餐、各结各的账的客人，则需要服务员多留几个心眼了，结账时注意以下要点：

（1）首先从主宾或女宾开始按顺时针方向逐位服务，每写好一份菜单，要注意记录客人的姓氏、性别、特征、座位标志等。

（2）将菜单交给负责上菜的服务员、厨房、收银台。

（3）客人需要添加食物或酒水的，在其账单上做好相应的记录。

（4）结账时最好由负责点菜的服务员负责，以减少出错的概率。

三、客人要求陪酒

这是客人想表示对服务员服务工作做得好的谢意。对于这种性格外向的客人，服务员要感谢对方的好意，委婉地告诉客人，餐厅规定服务员是不能与客人一起喝酒的，请客人谅解。同时，要马上为客人倒酒、换骨碟、换烟灰缸等，以转移客人的注意力。

客人找不到人喝酒，一个人喝又觉得没意思。对于这类客人更要注意自己的行为举止，免得客人借酒浇愁，把你当成倾诉或发泄不满情绪的对象，既影响你正常的服务工作，又妨碍了对其他客人应有的服务，还把自己无端卷进客人的是非之中。

有个别客人有意借三分醉意挑逗服务员。遇到这种客人，要严肃、有技巧地拒绝客人的无理要求，并请客人自尊、自爱。拒绝时用词要温和，但态度一定要严肃、沉着。

四、客人有要事谈

服务周到、殷勤很好，但也要看场合，要特别注意察言观色，如果发现客人来餐厅的目的是有要事谈，就不要过多地干扰他们。

（1）遇到要求坐在餐厅偏僻座位、角落座位和包房的客人，多数是为了要有个安静的环境，便于洽谈和不受太多干扰。

（2）如果客人表现得乐于攀谈，服务员可以与之多聊几句，使客人觉得餐厅服务人员待客热情。

（3）如果客人落座后显得比较兴奋和急于与同来的客人谈话，服务员则应该微笑、安静地给他们服务，然后礼貌地退出。

（4）再进行服务时，也应安静地进行。如需提醒客人点菜或有事要向客人说明，应在客人讲完话后再礼貌地插话：“很对不起，先生，打搅一下好吗？现在已经快中午1：00了，能不能请你们先把菜点好再接着谈？”“对不起，打搅了。你们点的菜原料不够，可以请你们另外再点一道菜做替换吗？”

（5）等事情得到解决后，服务员还要再道歉一次才退出：“谢谢你们的理解。打搅了大家的谈兴，实在抱歉。”

（6）多观察客人的言行。如果自己的工作打搅了客人，就应该减少像换骨碟、烟缸这样的服务。在更换时，也要尽量不妨碍客人视线的角度进行服务，并轻拿轻放，尽量不造成打搅。此外，客人在谈一些重要的事情或隐私时，服务员应该自觉地退出房间，并将门关上。需要进来时，也应先敲门再进来，让客人有个心理准备。

五、客人想要赠送礼品或小费

客人为了表示感谢，往往喜欢赠送礼品或小费以表示谢意，表示对服务员良好的服务态度、服务热情的认可。遇到这种事情时，服务员要婉言谢绝，向客人解释不收礼品或小费的原因，但语言不必过多，过于烦琐。如果实在推脱不了，可以暂时收下，并表示谢意。在事后，要向餐厅领导讲明原因，做好登记，以便统一处理。当然，也可以采取别的一些办法，还要看餐厅的具体有关规定而定。

有的餐厅设有专门收集小费或礼品的箱子，遇到不能推脱的小费或礼品时，就把小费塞入收集箱，一个季度后再打开，作为员工共同的额外奖金发放给所有员工；对于礼物，一般可到一定时候，公开对员工拍卖，再将拍卖款放入小费收集箱里。

六、不礼貌客人

（1）作为接待旅游团体的餐厅，应该从不同渠道多方了解旅行客人当地饮食的习惯和状况。如接待广东游客，服务员事先就应做好一些准备工作，这样不至于届时手忙脚乱而被投诉。

（2）遇到没有礼貌、甚至呼喝服务员做事的客人，除了用宽容的心态去向客人道歉外，服务员还要用特有的微笑去服务客人，把服务工作做好。微笑其实是一把非常锐利的武器，有再大意见的客人，只要看到服务员诚恳的面孔、真诚的道歉、热情的微笑，没有不“投降”的。俗话说“你敬我一尺，我敬你一丈”。人心都是肉长的，客人没理由拒人于千里之外的！

（3）有一些客人，比较喜欢在众人面前有所表现，也就是有自我表现的欲望，所以也就爱找一些借口将事情扩大化，将众人的视线吸引过来，表现够了，他也就心满意足了。对于这样的客人，一

随手札记

要耐心听取他的意见，不要急于争辩和反驳；二要坚持用微笑来打消他继续表演的欲望；三是为了感谢他给餐厅提出的宝贵意见，给他送上一份小礼物或水果，给他足够的面子，他自然就会高兴地“收兵”了。

七、客人损坏物品

绝大多数用餐客人在餐厅损坏餐具或用具是不小心所致。对待这种情况，具体做法为：

（1）先要收拾干净破损的餐具和用具。

（2）服务人员要对客人的失误表示同情，不要指责或批评客人，使客人难堪。

（3）要视情况，根据餐厅有关财产的规定，决定是否需要赔偿。

如果是一般的消耗性物品，可以告诉客人不需要赔偿了，如果是较为高档的餐具和用具，需要赔偿的话，服务人员要在合适的时机，用合适的方式告诉客人，然后在结账时一起计算收款；要讲明具体赔偿金额，开出正式的现金收据。

八、客人偷拿餐具

餐厅中用于服务的餐具，特别是一些特色餐厅里面餐具的款式和做工一般都比较精巧别致，有些客人会出于好奇，也有些旅游的客人，每到一个地方都喜欢拿一点小物品或是餐具作为纪念品，而擅自拿走。

发生了客人偷拿餐具怎么办？餐厅是进餐的场所，因此，当服务员发现了客人偷拿餐具时，一定不能大声嚷嚷，也不能生硬地让客人当场把偷拿的物品交出来。服务员若是强行命令客人，就很容易把事情弄僵，有时甚至会扰乱餐厅的正常秩序和气氛。遇到这类问题时，服务员应讲究策略与方法，巧妙地来解决。

九、客人要求取消等了很久却没上的菜

客人催菜是个常见的问题。遇到这种情况，要如此处理：

（1）服务人员首先要向客人道歉。

（2）查看点菜单和桌上摆放着的菜品，确定无误后，马上通知传菜员或自己到厨房查对、催促。

（3）若客人要求退掉该菜，应赶紧去厨房查问这道菜做了没有。如果是即将做好的，要回去跟客人解释，并告诉他们所点的菜很快就上，请他们稍等，并为此再作道歉；如果菜还没做，则应向主管报告，同意客人取消的要求。

十、餐厅客满

（1）如果座位已满，应礼貌地告诉客人：“小姐/先生，对不起，现在已经没有空座位了。请您在休息处稍等一会儿好吗？一有客人结账离开，我会马上告诉您的。”

（2）人多的情况下，要给等候的客人排等位号并做好登记。不要让先来的客人后得到座位，而后来的客人却先得到座位。否则一定会引起客人的不满，同时也显得餐厅管理混乱，把客人赶跑了。

（3）为等位的客人送上茶水和报纸、杂志，以转移客人的注意力。

（4）有座位提供时，不要急于将客人引进餐厅，应等服务员将桌子收拾好，摆好台，再请客人入座；否则客人看到狼藉的杯盘，还要站在一旁等候服务员收拾、换桌布、重新摆台，一定会影响情绪。

（5）如果客人没有时间久等，应向客人介绍厨房可快速做好的食品，请客人将食品打包回家再吃。“我们餐厅有几款味道不错的菜点，可让厨房尽快做出来让您打包的，不知您是否愿意试一试呢？”并要对这种提议表示道歉：“实在不好意思，因为今天来的客人特别多，一下子不能为您解决座位，请您原谅我的这种提议。”

（6）给客人奉上餐厅的订座名片，请客人下次提早预订。

（7）将客人送到餐厅门口，道再见：“先生慢走。欢迎您下次再光临！”

十一、客人点了菜单上没有的菜

如果客人点的是菜单中没有的菜式，应请客人稍候，向厨房询问是否有所需的原料和配料，菜品的质量能否保证，出菜的时间是否太长等，然后再向客人做解释，请客人自己决定或者向客人做相应的推介。

十二、客人发现饭菜中有异物

在餐饮服务中，有时的确会有这种问题发生。比如，菜肴中会有草根，米饭中有黑点等。有时菜肴中甚至还有如碎瓷片、碎玻璃、毛发、铁钉等物品。

在遇到此类情况时，服务员应首先向客人表示歉意，然后将客人已经上桌的饭菜，不论其价格高低，都立即撤下来，仔细分辨是什么东西。

经过分辨，认定是异物时，要立即为客人重新做一份新的饭菜，或者是征求客人的意见换一款与之相近的菜肴。同时，再次向客人表示诚恳的歉意。

作为餐厅，要对异物产生的原因进行分析，是菜肴清洗方面的原因，还是不安全操作的原因，或者是厨房卫生方面的原因。以便今后更加注意防范。

出现异物的原因不同，客人的反感程度也不一样，像草根之类的异物，客人一般较容易理解，而如果是人为的卫生上的问题，客人可能会非常反感。

随手札记

根据客人反感程度的不同，餐厅方面要做出相应的表示，通常换菜是最为简单的补偿，有的时候还要免收部分餐费，餐厅管理人员还要亲自向客人赔礼道歉，以示重视。

餐厅出售的饭菜中出现的异物，无论是何种东西，都要引起有关方面的高度重视，因为这关系到一个餐厅的信誉与声誉问题，要认真吸取教训。

十三、客人反映菜肴口味不对

客人反映菜肴的口味不对，是有许多方面原因的，有时是菜肴口味过咸或是过淡，有时是菜肴原料的质量有问题，有时也可能是菜肴的烹调方法与客人认为的不一致。

（1）如果是由于咸淡味不合适而造成客人的不满，服务员应将菜肴从餐台撤下，送回厨房重新制作，淡了可再加些质料进行补救，咸了则重新制作一份，服务员要向客人表示歉意。

（2）如果是由于烹调方法造成客人的不满，服务员也应该向客人表示歉意，然后婉转而礼貌地向客人介绍一下本餐厅此种菜肴的制作方法，求得客人的理解。

（3）如果是原材料的质量出了问题，服务员要立即撤下菜肴，向客人道歉，请客人重新点一款与此口味相近的菜肴，立即制作，上桌后请客人再次品尝。

十四、客人提出问题答不上来

客人在餐厅用餐时，有时会问服务员一些问题，比如本餐厅食品的品种，或是当地有哪些风景名胜，或者是某公共场所的地址等一系列问题。

对客人提出的合乎要求的问题，一时答不出来的，应求助他人，给客人一个答案。

有时客人也会问一些关于菜肴的做法，或是原料的品种等问题，如果知道，就直接告诉客人，若是不太清楚，就要表示歉意，然后表示尽量为其打听一下。

十五、当客人因菜肴长时间不上而要求减账

客人点了菜，却迟迟不见上菜，而值台服务员也没有注意到这种情况，没有及时地与厨房联系，这是餐厅方面的失误。

发生这种情况时，客人要求退菜、减账，这也是完全正当、合理的，因为是餐厅方面延误了太多的时间，服务员也没有及时联系。所以，服务员对于客人的要求应该给予满足。

当然，在具体处理这种情况时，服务员也可以与客人商量一下，是否可以马上制作这道菜，为其上菜，但是决定权在客人的这一方，服务员不能强求。如果客人仍然不同意，执意要求退菜、减账，服务员应照办，并且因为自己工作的疏忽而怠慢了客人，要向客人道歉，取得客人的谅解与理解。服务员还应检查一下自己为何失职，注意在以后的服务过程中跟菜要及时。

十六、客人反映菜单价格不对

客人在结账时，认为结算的价钱有出入的情况也时有发生，具体要针对原因来采取解决方法。

（1）服务员在客人点菜时，对有些菜肴的价格解释得不够清楚。比如，某些海鲜类的价格，大多是时价，或者是每500克的价格，但客人误以为是该菜肴的准确价格了，服务员又没有过多地解释，以至于造成了误会。服务员应该拿来菜单，再次向客人认真的解释，以求得客人的谅解。

（2）客人在点菜时不看菜单，餐后结账时又认为与自己认为的价格有出入，此时要求看账单核对。

（3）在上菜时，由于工作忙，该上的菜肴漏掉了没上，客人当时没讲，结账时才提出来价格不对。账单的差错完全是值台服务员的责任，值台服务员应该拿回账单，减去没上的菜价，向客人道歉后再结账。改账要由领导签字后，方能生效。

（4）服务虽在客人结账前没有认真地核对客人的账单，而收款员在开账单对出现了差错失误。服务员要立即收回账单，重新核对各项内容，确实是收款员弄错了，多收了，要向客人道歉，并讲明出错的原因，求得客人的谅解后再结账。

（5）客人自己的计算出现了失误，尽管是客人自己计算错误所致，服务员也不应该在态度上有任何不耐烦的表示，此时应该耐心地向客人解释，如果有必要，还可以拿来账单和客人一起核对，不要流露出任何的不满情绪。

（7）餐厅的个别服务员，由于其经营思想不正，有意在客人的账上多加了一些菜品或饮料的费用。对待这种情况的处理，餐厅应慎重。首先应让值台的服务员向客人道歉，减去多收的款项，还应该恰当地向客人做一些解释工作，也应该让餐厅的领导出面，对客人表示歉意，以示对该事件的重视。事后，对待有意多收款的服务员，还要进行严肃处理，区别不同情况，给予适当的惩罚，以起到警示的作用。

随手札记

六、员工月度绩效考核

楼面经理在每月月底要对员工本月工作表现进行考核，其内容包括两个方面：一是基层员工考核，如传菜员、服务员、迎宾员等；二是管理人员如楼面主管、收银领班等。考核要求和内容应具有针对性。

（一）基层员工绩效考核

基层员工是楼面部的主要人员，负责楼面部的一切具体事务。因为他们与客人直接接触，所以他们的表现直接影响着客人的满意度和餐厅的声誉及收益。因此，楼面经理应重视对他们的每月绩效考核。在此，提供几份餐厅楼面常见基层员工的绩效考核表，仅供读者参考。

【范例 3-06】

预订员绩效考核表

岗位：预订员　　被考核人：　　考核时期：　年　月

序号	考核项目	基本目标	分值	完成情况	考核分数
1	接听电话	及时、热情、礼貌	10分		
2	预订信息差错率	预订信息准确、完整，差错率不超过2次/月	15分		
3	信件、传真回复得及时	第一时间回复客户的信件、传真，延误、差错率为0	10分		
4	电脑信息输入的差错率	差错率为0	15分		
5	交接班的填写	及时、正确，未有因交接记录不清楚而影响客人预订	10分		
6	交接工作	每日与下一班次交接后才下班，没有不交接就下班的情况	10分		
7	市场情况汇报	1～2次/月	10分		
8	预订记录存档的及时、准确	每日及时按日期存档	10分		
9	客户投诉次数	投诉次数不超过1次/月	10分		
综合考评分值					

被考核人确认：　　考核人确认：

【范例 3-07】

值台服务员绩效考核表

岗位：值台服务员　　　　　　被考核人：　　　　　　考核时期：　年　月

序号	考核项目	基本目标	分值	完成情况	考核分数
1	操作技能	分别为：上菜报对菜名、及时撤空盘、结账核对、无买错单，无差错	15分		
2	开单差错率	分别为：台号、菜名、数量，要求内容正确、字迹清楚，差错率为0	15分		
3	投诉	无客诉；无内诉	15分		
4	工作区卫生	主动清理工作区域卫生并保持干净，无水迹、无垃圾；主动清理并保持桌面卫生	15分		
5	互帮互助	积极、主动	10分		
6	物品摆放	备餐柜器具摆放整齐，抹布干净	10分		
7	客人表扬	客人对经理级以上管理人员当面表扬、书面表扬、在回访卡上写加薪或奖励字样	10分		
8	送客	客人用餐后准备离店时，提醒客人带齐物品并致欢送辞	5分		
9	浪费	无浪费现象	5分		
综合考评分值					

被考核人确认：　　　　　　　　　　考核人确认：

【范例 3-08】

迎宾员绩效考核表

岗位：迎宾员　　被考核人：　　考核时期：　年　月

序号	考核项目	基本目标	分值	完成情况	考核分数
1	安排留台	根据客人预订情况，安排留台，合理迎领其他客人	20分		
2	迎领客人	将客人迎领到适当的餐位	20分		
3	收集客人意见	收集客人的意见及投诉，并在发生后___小时内向领班汇报	15分		
4	统计工作	做好就餐人数、营业收入的统计工作，并在___小时内上报	15分		
5	客人投诉率	0	20分		
6	出勤率	100%	10分		
综合考评分值					

被考核人确认：　　考核人确认：

【范例 3-09】

传菜员绩效考核表

岗位：传菜员　　被考核人：　　考核时期：　年　月

序号	考核项目	基本目标	分值	完成情况	考核分数
1	卫生清洁达标率	卫生清洁必须达标	15分		
2	餐具借还的及时性	按规定在_____小时内借还餐具	15分		
3	分单准确率	100%	15分		
4	传菜的及时性	做好的菜在此_____分钟内传出	15分		
5	调味品补充的及时性	在_______前将调味品配备、补充完毕	15分		
6	客人投诉率	0%	15分		
7	出勤率	100%	10分		
综合考评分值					

被考核人确认：　　考核人确认：

【范例 3-10】

酒水员绩效考核表

岗位：酒水员　　　　被考核人：　　　　考核时期：　　年　　月

序号	考核项目	基本目标	分值	完成情况	考核分数
1	酒水提供的准确率	100%，未有因提供不是客人所需的酒而引起的投诉	15分		
2	酒水提供的及时性	及时，未有因提供偿及时而引起客人的投诉	10分		
3	备足酒水及相关用具	能保证开餐的需要	10分		
4	报表填写的及时性、准确率	及时，准确	10分		
5	吧台内物品摆放的整齐性	物品摆放整齐	15分		
6	吧台账物相符性	相符，无差错	15分		
7	吧台、冰箱、酒柜的卫生	达标，月检查不合格项小于8项	15分		
8	出勤率	全勤，无迟早、早退现象	10分		
综合考评分值					

被考核人确认：　　　　　　　　考核人确认：

【范例 3-11】

点菜员绩效考核表

岗位：点菜员　　　　被考核人：　　　　考核时期：　　年　　月

序号	考核项目	基本目标	分值	完成情况	考核分数
1	销售额	完成率≥100%	25分		
2	新品、急推产品推销完成率	按有效服务员的人数（人均1份）对新品、急推产品推销。完成率≥100%	25分		
3	开单差错率	分别为：台号、菜名、数量，要求内容正确、字迹清楚，差错率为0	25分		
4	叫服现象	周叫服现象≤2次	15分		
5	出勤率	100%	10分		
综合考评分值					

被考核人确认：　　　　　　　　考核人确认：

【范例 3-12】

收银员绩效考核表

岗位：收银员　　　被考核人：　　　考核时期：　年　月

序号	考核项目	基本目标	分值	完成情况	考核分数
1	结账准确率	100%	15分		
2	客人投诉率	每月小于1%	10分		
3	鉴别、拒收假钞率	100%	15分		
4	客人满意率	100%	10分		
5	收入投缴	及时、准确、安全	15分		
6	收银台环境卫生检查合格率	100%	15分		
7	业务培训及业务考核合格率	达到公司的要求	10分		
8	出勤率	全勤，无迟到早退现象	10分		
综合考评分值					

被考核人确认：　　　　考核人确认：

（二）管理人员绩效考核

管理人员是楼面部的中坚力量，既要配合楼面经理做好工作安排，又要领导基层员工做好实际工作，对他们的考核就要非常仔细。在此，提供几份餐厅楼面管理人员的绩效考核表，仅供读者参考。

【范例 3-13】

楼面主管绩效考核表

岗位：楼面主管　　　被考核人：　　　考核时期：　年　月

序号	考核项目	基本目标	分值	完成情况	考核分数
1	日常工作分配安排	安排合理、到位，餐厅运转有序	10分		
2	卫生情况及设施设备维护保养	环境、餐具及餐厅员工个人卫生均合格，卫生检查无大差错	10分		
3	销售额	完成率≥100%	15分		
4	新品、急品推销率	按有效服务员的人数（人均1份）对新品、急推产品推销。完成率≥70%	15分		
5	叫服次数	叫服指客人大喊、发脾气、起身离座找服务员或管理人员的现象。周叫服现象≤2次	15分		
6	处理投诉能力	对客人投诉能快速解决，达到客人满意，挽回餐厅损失	15分		
7	员工流失	月正式员工流失人数≤1人	10分		
8	员工满意率	员工满意率≥80%	10分		
综合考评分值					

被考核人确认：　　　　考核人确认：

【范例 3-14】

楼面部长绩效考核表

岗位：楼面部长　　　　被考核人：　　　　考核时期：　年　月

序号	考核项目	基本目标	分值	完成情况	考核分数
1	区域内日常工作分配安排	安排合理、到位，餐厅运转有序	15分		
2	卫生情况及设施设备维护保养	环境、餐具及餐厅员工个人卫生均合格，餐饮企业卫生检查无大差错	15分		
3	投诉次数	无客诉；内诉≤1次	15分		
4	感动服务	根据服务员数定出周任务，按照任务完成率计算。完成率≥100%	15分		
5	新品、急品推销率	按有效服务员的人数（人均1份）对新品、急推产品推销。完成率≥70%	15分		
6	叫服	叫服指客人大喊、发脾气、起身离座找服务员或管理人员的现象。周叫服现象≤2次	15分		
7	员工出勤率	100%	10分		
综合考评分值					

被考核人确认：　　　　考核人确认：

【范例 3-15】

传菜部长绩效考核表

岗位：传菜部长　　被考核人：　　考核时期：　年　月

序号	考核项目	基本目标	分值	完成情况	考核分数
1	传菜质量	符合餐厅规定标准	15分		
2	传菜速度	符合餐厅规定	15分		
3	传错准确率	未有传错台号的情况发生	15分		
4	传菜间清洁卫生状况	干净卫生，每月巡检所管辖区域不合格项少于8项	15分		
5	餐具借还的及时性	按规定在____小时内借还餐具	10分		
6	部门成本费用控制	在预算范围内	10分		
7	员工考核合格率	70%以上通过考核	10分		
8	各部门协调配合度	主动、积极地配合	10分		
综合考评分值					

被考核人确认：　　考核人确认：

【范例 3-16】

值台领班绩效考核表

岗位：值台领班　　被考核人：　　考核时期：　年　月

序号	考核项目	基本目标	分值	完成情况	考核分数
1	感动服务	定出周任务，按照任务完成率计算。完成率≥100%	15分		
2	销售额	完成率≥100%	15分		
3	叫服现象	周叫服现象≤2次	15分		
4	投诉次数	周客诉≤1次；内诉≤1次	15分		
5	卫生状况	符合规定标准	15分		
6	新品、急推产品推销完成率	按有效服务员的人数（人均1份）对新品、急推产品推销。完成率≥100%	15分		
7	员工出勤率	100%	10分		
综合考评分值					

被考核人确认：　　考核人确认：

【范例 3-17】

宴会主管绩效考核表

岗位：宴会主管　　　　被考核人：　　　　考核时期：　年　月

序号	考核项目	基本目标	分值	完成情况	考核分数
1	经营指标	达到餐厅规定标准	10分		
2	宴会服务质量标准	达到餐厅规定标准	10分		
3	宾客满意率	≥95%	10分		
4	宴会卫生情况	环境及餐厅员工个人卫生均合格，卫生检查无大差错	10分		
5	宴会安全管理	餐厅无安全事故	10分		
6	日常工作分配安排	安排合理、到位，餐厅运转有序	10分		
7	叫服次数	周叫服现象≤2次	10分		
8	处理投诉能力	对客人投诉能快速解决，达到客人满意，挽回餐厅损失	10分		
9	员工流失状况	月正式员工流失人数≤1人	10分		
10	员工满意率	员工满意率≥80%	10分		
综合考评分值					

被考核人确认：　　　　　　　　考核人确认：

随手札记

【范例 3–18】

吧台主管绩效考核表

岗位：吧台主管　　被考核人：　　考核时期：　年　月

序号	考核项目	基本目标	分值	完成情况	考核分数
1	每日例会及周末分享会	按时召开，且有会议记录	10分		
2	酒水质量合格率	100%	15分		
3	酒水损耗率	在公司规定的范围之内	15分		
4	客人投诉次数	<3次/月	10分		
5	酒水账物相符率	100%	10分		
6	对客服务设备设施完好率	及时保养、维修，所有设施设备处于正常的运作状态	10分		
7	吧台卫生状况	符合公司标准	10分		
8	吧台安全状况	无重大安全事故，无消防隐患	10分		
9	员工出勤率	全勤，员工无迟到、早退现象	10分		
综合考评分值					

被考核人确认：　　考核人确认：

【范例 3–19】

收银主管绩效考核表

岗位：收银主管　　被考核人：　　考核时期：　年　月

序号	考核项目	基本目标	分值	完成情况	考核分数
1	员工排班	及时，排班合理，无因排班影响收银工作	10分		
2	部门收银工作差错次数	每月小于4次	12分		
3	员工被投诉率	每月小于1%	12分		
4	鉴别、拒收假钞率	100%	12分		
5	财务安全达标率	100%	12分		
6	财务设施设备完好率	100%	12分		
7	环境卫生检查合格率	100%	10分		
8	突发事件处理	积极配合	10分		
9	员工业务培训及业务考核合格率	100%	10分		
综合考评分值					

被考核人确认：　　考核人确认：

七、开展服务质量评估

（一）设定服务品质评估标准

服务流程标准与服务态度，可作为各项职务评估等级的工作底稿。明确订出各等级标准，再进一步导入服务中，并可根据视察出来的重要指标数，作为标准的评断。在此，提供一份评估登记表，仅供读者参考。

【范例 3-20】

评估登记表

做法	依照现有的餐厅经营形态，给予下列两类不同服务品质标准的评分。
评分	1. 表示最重要，2. 表示重要，以下类推。
服务流程	服务态度
1. 顺应性 2. 投入性 3. 时机性 4. 动线顺畅 5. 双向沟通 6. 客人反应 7. 现场督导	1. 态度 2. 称呼客人姓名 3. 关心 4. 指引客人点菜 5. 说话语气 6. 推荐菜色 7. 肢体语言 8. 机智反应 9. 解决客人的问题

随手札记

（二）服务品质评估的指标

若要改善服务品质，就必须事先清楚描绘出所希望的服务人员的行为表现的模式，然后才能够据此去评断他们的表现。表3-4所列即为各项服务品质评估标准的重要指标示例。

表3-4 服务品质标准指标

服务品质标准	重要指标示例
服务的时机性	（1）客人进入餐厅坐下后，服务人员在6秒内趋前致意 （2）西餐服务沙拉用完后，4～5分钟内便上主菜
服务动线顺畅	（1）领台人员带位时灵活机动 （2）在餐厅内每个服务区的服务环节先后进度不同
制度可顺应客人的需求	（1）菜单可替换及合并点菜 （2）客人要求的事项，近九成是可以实现的
预期客人的需求	（1）主动替客人添加饮料 （2）主动替幼儿提供儿童椅
与客人及服务同仁做有效的双向沟通	（1）每道菜都是客人所点的菜 （2）服务人员彼此间相互支援
寻求客人反应及意见	（1）服务人员至少问候1次用餐团体菜色或服务的意见 （2）服务人员将客人意见转述给楼面经理

（续表）

服务品质标准	重要指标示例
服务流程的督导	（1）每个服务楼面有1位主管现场督导 （2）现场主管至少与每桌客人接触问候1次
服务人员表现出正面的服务态度	（1）服务人员脸上常挂着微笑 （2）服务人员百分之百友善对待客人
服务人员表现出正面的肢体语言	（1）与客人交谈时，必须双眼正视对方 （2）服务人员的双手尽可能远离客人的脸部
服务人员是发自内心来关心客人	（1）每天至少有10位客人提及服务良好 （2）客人指定服务人员
服务人员做有效的菜色推荐	服务人员对每桌的客人所点每道菜的特色能做正确的说明
服务人员是优良的业务代表	除主菜之外，建议再点1道菜(例如饭后甜点、饭后酒、开胃菜)
服务人员说话语调非常的友善、亲切	主管认为服务人员的说话语调是满分的
服务人员使用适时合宜的语言	使用正确的语法，避免用俚语
称呼客人的名字	客人用餐中，至少称呼其名1次
对于客人抱怨处理得当	所有抱怨的客人都可以得到满意的解决

当完成上述的工作底稿后，接着应对每一种职务的服务标准给予等级排序，并针对每种标准列出一种以上可观察到的重要指标。

一旦获得上述的服务标准及其相关性的指标后，接下来则与现在的经营管理标准予以对照考虑是否契合。如果能更清楚地强调所要求的服务标准，员工将更有效地提供所期望的服务水准。

因此，为了清楚划分出什么是明确可计算的指标，什么是无法计算的指标，详尽加以列出，以比较两者的差异性。具体如表3-5所示。

表3-5　可计算及无法计算的服务指标比较

可计算的指标	无法计算的指标
主动替客人添茶水或其他饮料	服务员先行一步提供服务
新到客人入座后6秒内，服务员即趋前打招呼，1分钟内帮客人点菜	服务员掌控服务范围得宜
带位时与客人沟通	领台对待客人和蔼可亲
每桌至少多卖1道菜	服务员示范推荐销售的技巧
服务员口头上相互间支援	服务员有良好的团队精神
当班时，必须持续与每桌客人保持招呼	服务员精力充沛
出菜后1分钟内及时上菜	服务员的动作很迅速
每晚至少有10位客人给予肯定的意见	客人自得其乐
头发梳理整齐，指甲干净，制服整洁熨平，仪容干净	服务员穿戴整齐干净
楼面经理亲自倾听并回答客人的询问	倾听客人的诉求

（三）进行服务评估

在进行服务评估前，得先理清现行提供给客人的服务是什么，衡量的标准是什么，也就是找出现行的服务准则，并指出现行服务标准的强势及弱势点，借此反映问题的症结所在，同时也可比较出提供客人服务现行标准与理想期望值之间的差距。尤其身为楼面经理，必须将服务的一般观念，转换成为具体的服务手法，并依其重要性加以排序。

表3－6所讨论的服务评估，是依据“走动式管理”而来，以鼓励楼面经理能确切投身于服务流程中，检查营运管理的运作情形。

表3-6　服务评估范例

服务动线的整合	投入性
（1）每桌服务流程的步骤不同 （2）服务员服务步调大方稳重 （3）厨房或吧台准时递送商品 （4）客人于特定时间内获得服务	（1）当客人杯中尚余1/4的饮料时，已要求多加另一杯饮料 （2）随时可提供确切的东西或设备 （3）客人无需要求任何种类的服务，服务员已自动提供
时机性	**微笑的肢体语言**
（1）客人入座后6秒内，即有服务员趋身向前招呼 （2）客人点酒后3分钟内即可送上 （3）主菜于沙拉碗用毕后3分钟内上桌 （4）于最后一道菜收拾完毕后，3分钟内给账单 （5）客人用餐完毕离席后，桌面重新摆设，于1分钟内完成	（1）全体服务员符合工作时的服装仪容标准 （2）全体服务员面带微笑 （3）举止行为文雅、平稳、收敛、有精神 （4）在客人面前不抽烟、不嚼口香糖 （5）与客人交谈时，双眼注视对方 （6）手臂动作收敛 （7）面部表情适当
顺应性	**友善的语调**
（1）菜色顺应客人要求而调整 （2）将特殊客人的要求转达给经理 （3）顺应行动不便客人的要求 （4）特殊节庆的认定及处理	服务员说话语气随时保持精力充沛及热情
督导	**客人反应**
（1）餐厅楼面随时可见楼面经理于现场督导 （2）经理亲自处理客人抱怨问题 （3）经理当班时征询用餐客人的意见	（1）上菜后2分钟内询问客人意见 （2）请求客人于用餐完毕后给予评语

（四）提供客人反应、认知及奖励措施

1．施行奖励措施的益处

客人对某员工给予正面的评价，餐厅因此给予该员工奖励措施，是一种正面的

（续表）

双向沟通	肯定的态度
（1）服务员填写菜单时，字迹清晰、整齐，使用正确的简写 （2）服务员说话语气清楚 （3）服务员具备倾听技巧	（1）服务员完全地表现出愉悦及协调性 （2）服务员完全地表现出高度服务热情 （3）服务员乐于工作 （4）服务员相互合作无间
有效的销售技巧	**机智的用字**
（1）服务员有效推荐菜色，使得客人充分了解商品特色 （2）推荐某样菜色时，服务员可以说出其特色及其优点	（1）遣词用字正确 （2）使用正确的文法 （3）服务员之间避免使用俚语 （4）服务员之间避免摩擦
称呼客人的名字	**圆滑地解决问题**
（1）称呼常客的名字 （2）假如以某人登记订位时，一律尊称所属的某团体 （3）客人使用信用卡结账后，一律称呼客人的名字	（1）抱怨的客人在离开餐厅时，问题都能圆满地解决 （2）经理亲自与抱怨的客人洽谈 （3）问题的解决方式，能针对客人所提出的问题来解决
关　心	**备　注**
（1）关心每桌客人的不同需求 （2）关心年长客人的需求 （3）尊重客人消费额度	评分：C→持续性的 I→非持续性的 N→不存在的

随手札记

推动力量。这种正面的推动力量，可以不断地活跃整个服务流程。

特别提示：

如果某种服务方式被赋予负面评价时，这种服务方式自然会逐渐消失。受到正面评价的服务方式，则肯定会受到管理人员以及服务人员的重视，并且将此种服务方式视为自己所期望的服务品质的标准。

在这样的工作环境下，大家的注意力会集中在谁将事情做好做对，而比较不会去挑毛病。

2．奖励措施的要点

（1）给予特殊或促销项目某一比例的现金，回馈奖励。

（2）给予一笔现金，奖励某项销售成绩。

（3）以销售量为基准，给予某一定比例的提成。

（4）针对团体所共创的业绩，可给予团体奖励。

（5）制定利润分享制度，来鼓励团体共创业绩。

（6）针对每月、每季最佳销售人员，提供特殊的奖励。

（7）给予文化活动的招待券，额外给予休假。

（8）给予礼券及免费运动衣。

（9）公布得奖人姓名、业绩，赠予奖牌或加薪。

（10）团体旅游活动。

（11）给予特殊成就标志的别针。

（12）给予优先选择工作轮班时段。

（13）交由主管予以口头奖励。

八、每月工作总结

编写月度工作总结是楼面经理每月必做的一项工作。它对楼面经理全盘了解楼面部本月情况和安排下月工作计划有着非常重要的意义。

（一）总结方法

1．查看每日、每周总结报告

在前面两章中详细写到，楼面经理要做每日和每周工作总结，以便于在每日早会和周例会上作报告。在编写月工作总结时，楼面经理也可调用每日总结和每周总结。

2．查看各项营业报表

楼面部每天都会产生大量报表，如原料申购表、菜品销售表等。楼面经理要善于从这些报表里面发掘有用信息，以做出更精确、更完善的总结报告。

（二）总结内容

楼面经理总结时要注意联系到楼面部

工作的各个方面，如卫生、纪律、服务、销售等，要总结出工作中的问题所在，提出改进方法。在此，提供一份某餐厅楼面经理的月度工作总结，仅供读者参考。

【范例 3-21】

××餐厅楼面经理月度工作总结

一、经营状况

截至本月1～25日，楼面部共完成销售额281万元。截至本月30日，婚宴20档，共计342桌，金额47800元；生日宴6档，42桌，金额61440元；会议35档，共计214桌，与去年同期都有不同程度的增加。

二、餐厅方面

1. 制定餐厅工作方式的表格化、程序化，如：借用物品表格、迟到登记表、班前会记录签收表格等。

2. 规定班前会内容，每个班将前一天需注意的事情记录下来，在第二天班前会上让员工了解并签名认可，会后对内容进行整理并规范存档工作。

3. 三个餐厅配合默契，在运作期间相互协调，对人力资源合理利用，提高宴会接待品质及菜肴品位，并做好大型、重要宴请的人员调配工作。

4. 对所有包房重新进行设计布置，并拍成照片，规范服务员在布置上的操作。

三、综合管理及协调方面

1. 做好部门人力资源编制流动情况及结构图。

2. 召开采购成本控制、品质、营销及餐饮会议，总结上月工作，分析本月工作，制订2月份的营销计划。

（三）总结分析

楼面经理要认真分析本月中还有哪些工作完成得不够好，其原因在哪儿，如何改进。同时还要与月初制订的工作计划进行对比，看看哪些工作没有按时完成，接下来又该如何继续完成。在此，提供一份餐厅月度总结分析模板，仅供读者参考。

随手札记

【范例 3-22】

餐厅月度总结分析模板

一、_____月份经营分析

1. 营业额对比分析

计划发生营业额：____元，计划每天收入：____元。

实际发生营业额：____元，平均每天收入：____元。

比计划额增/减_______元，与去年同期相比增/减____元。

项 目	用餐人数	发生费用	人均消费	占月总额比率
会员				
贵宾				
挂账				
散客				

分析：

____

____

____

2. 详细数据分析

内容		周一	周二	周三	周四	周五	合计	比上个月
营收								
酒水收入								
食品收入								
用餐人数								
人均消费	宴会							
	零点							
上座率								

分析：

____

____

____

二、经营对比：(元)

项　目	上月份	本月份	增加或减少
会员			减
贵宾			
挂账			
现付（含散客）			
喜宴			
会议			
团队			
早餐			
杂项			
营业额			
人均消费			
上座率			

分析：

随手札记

三、客源分析

客户消费前十名，具体如下表所示。

客户消费前十名

金额名次	客户单位	消费次数	消费金额	金额名次	客户单位	消费次数	消费金额
第一名				第六名			
第二名				第七名			
第三名				第八名			
第四名				第九名			
第五名				第十名			

分析：

____

____

____

四、部门管理控制工作

1. 成本费用

本月共计收入营业额___元，其中成本费用___元，具体如下表所示。

成本费用表

月比率	费用	费用率	比计划费用率	节省或超出费用	节省或超出部分
物料消耗					
电　费					
维修费					
洗涤费					

分析：

____

____

____

2. 内部管理

不足之处：______________________________。

整改措施：______________________________。

五、客户意见

客户意见，具体如下表所示。

客户意见表

菜品方面	
服务方便	
其他方面	

分析：

六、酒水销售

酒水销售情况，具体如下表所示。

酒水销售情况

名次	姓名	销售金额	名次	姓名	销售金额
第一名			第六名		
第二名			第七名		
第三名			第八名		
第四名			第九名		
第五名			第十名		

分析：

随手札记

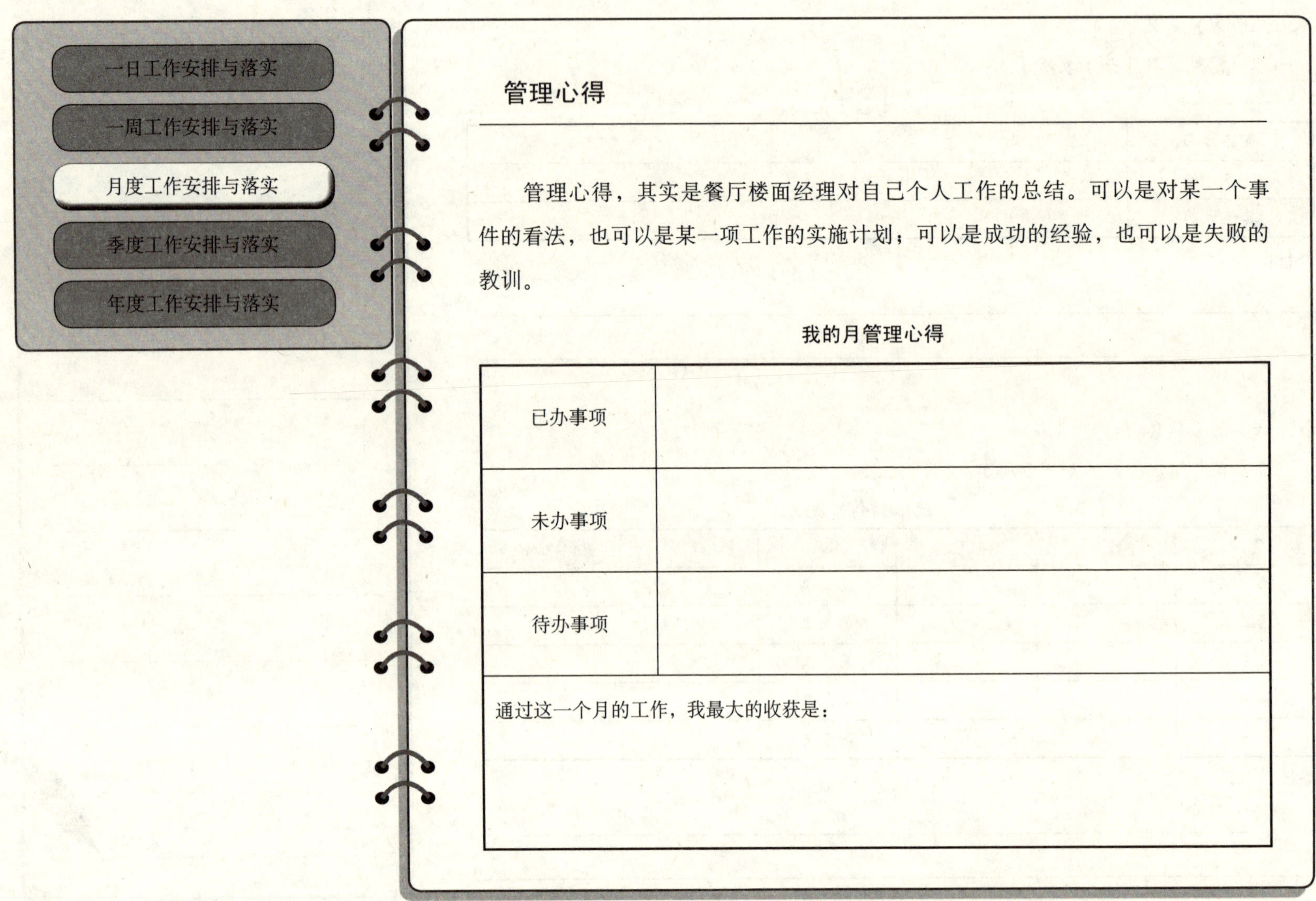

管理心得

管理心得，其实是餐厅楼面经理对自己个人工作的总结。可以是对某一个事件的看法，也可以是某一项工作的实施计划；可以是成功的经验，也可以是失败的教训。

我的月管理心得

已办事项	
未办事项	
待办事项	
通过这一个月的工作，我最大的收获是：	

第四章

如何安排与落实季度工作

季度工作的安排，属于宏观性的，要对一个季度的重点事项做到心中有数。才能按照季度安排做好每月、每周甚至每一天的工作。

作为餐饮店楼面经理，每一季度重点工作都需要有所侧重。但是总的来说，每一季度的工作中又有重复的事情。要想让自己更加从容应对，你可以将自己每一季度工作都做好安排。

一、制订楼面部季度目标计划

（一）季度重点工作指引

楼面经理可以制定一个季度重点工作指引，将每个季度重点工作大致分列出来。然后再对每一个季度工作进行具体安排，表4-1是某楼面经理的季度工作重点指引。

（二）季度工作计划

楼面经理确定了每一个季度的重点工作之后，就要制订每个季度的工作计划，见表4-2。当然，季度工作计划形式多种多样，楼面经理可以根据自己需要来选择合适的形式。

二、新员工招聘管理

招聘楼面部人员是在人力资源部的协助下进行的，但决定招聘的权力还是取决于直接部门主管——楼面经理。

表4-1　季度重点工作表

季度	重点工作	备注
一	（1）楼面部设备管理，提出更新改造方案 （2）制定员工激励方案 （3）配合人力资源部招聘新员工 ……	
二	（1）重新设立楼面部服务项目 （2）建立对客服务质量标准 （3）组织实习生培训管理 ……	
三	（1）建立部门突发事件应急处理预案 （2）组织年度楼面部服务员操作技能大赛 （3）制订十一黄金周楼面部接待计划 ……	
四	（1）全力组织部门人员十一客人接待 （2）年度客人投诉处理情况分析 （3）楼面部门年终总结及下年度安排 ……	

表4-2　我的季度工作计划

序号	工作内容	阶段目标	目标达成时间			责任人
			一月	二月	三月	

（一）向人力资源部申请增员

当有员工离职、请假，或旅游旺季如十一黄金周到来时，楼面部的人力明显不足，楼面经理要按餐厅规定的程序填写增员申请表（见表4-3），呈交给人力资源部。由人力资源部安排员工招聘。在填写增员申请表时，尤其要关注所需人员的素质。

表4-3　部门增员申请表

<table>
<tr><th colspan="8">职位基本资料</th></tr>
<tr><td colspan="2">需求职位</td><td colspan="2"></td><td colspan="2">所属部门/工作地点</td><td colspan="2"></td></tr>
<tr><td colspan="2">需求性质</td><td colspan="2">□ 增编　□ 补缺</td><td colspan="2">需求人数</td><td colspan="2"></td></tr>
<tr><td colspan="2">拟到职日期</td><td colspan="2"></td><td colspan="2">直接汇报职位</td><td colspan="2"></td></tr>
<tr><td colspan="2">岗位试用薪酬</td><td colspan="2"></td><td colspan="2">岗位转正薪酬</td><td colspan="2"></td></tr>
<tr><td colspan="8">工作职责：</td></tr>
<tr><th colspan="8">任职资格要求</th></tr>
<tr><td>性别</td><td>□ 男　□ 女</td><td>年龄</td><td></td><td>户口</td><td></td><td>学历</td><td></td></tr>
<tr><td>教育背景</td><td colspan="2"></td><td colspan="2">专业技能</td><td colspan="3"></td></tr>
<tr><td>工作经验</td><td colspan="7"></td></tr>
<tr><td>其他要求</td><td colspan="7"></td></tr>
<tr><td>初试人员
复试人员</td><td colspan="2">本部门</td><td colspan="2"></td><td colspan="2">人力资源部</td><td></td></tr>
<tr><td colspan="2">申请人签名：</td><td colspan="2">部门经理签名：</td><td colspan="2">人力资源部签名：</td><td colspan="2">总经理签名：</td></tr>
<tr><th colspan="8">人力资源部填写</th></tr>
<tr><td>职位</td><td colspan="3"></td><td colspan="2">职级</td><td colspan="2"></td></tr>
<tr><td>试用薪金</td><td colspan="3"></td><td colspan="2">转正薪金</td><td colspan="2"></td></tr>
</table>

（二）面试员工

招聘人员经过人力资源部的初步筛选后，楼面经理要主导面试工作，做出最后聘用与否的决定。

1．面试方法

一般来说，为了准确甄选合适员工，楼面经理可以采用测验和资历审查两种面试方法。

（1）测验。面试测验方法，如表4–4所示。

（2）资历审查。对某些高级及专业人员如部门主管应聘者，楼面经理可采用资历审查面试方式。资历审查须对所拟补充人员的资格条件事先作出明确的规定，以便建立工作绩效衡量准则。这些条件有：

①对客人、对同事、对上级的态度。

②处理部门日常事务、应对突发事件的能力。

③所学专业知识、毕业的院校是否与

表4-4　测验方法

序号	名称	内容
1	专业测验	目的在于测试应聘人员在某项专业技能上已有的成就。例如，餐厅所需人员为财务部的出纳人员，则可以用简单的会计学知识及计算机操作知识来测试该应聘人员的专业能力
2	性向测验	多经由专家设计，以某些特定问题或特定方法来测验应聘人员是否具有某项特质。性向测验一般有智力、语文性向、数学性向、空间性向、图形知觉、文字能力、动作协调能力、动作速度、手指灵巧度、手臂灵活度等项目

本餐厅企业文化相适应。

④个人目标是否能与餐厅的整体目标相配合。

2. 面试内容

面试是整个招聘工作中的核心部分，是供需双方通过正式的交谈，使楼面经理能够客观地了解应聘者的语言表达能力、反应能力、个人修养、逻辑思维能力、业务知识水平、工作经验等综合情况，使应聘者能够更全面了解餐厅信息和自己在餐厅的发展前景。那么，如何提高面试的效率，通过面试准确地判断适合餐厅的人才，并吸引这些人才加入，是楼面经理必须掌握的。

（1）初试。初试主要是对应聘员工进行初步评估，楼面经理可以通过初试检验出该员工是否符合餐厅的价值观等基本信息，具体内容可填入初试评估表中，如表4-5所示。

表4-5　面试评估表（初试）

应聘者：　　　　面试人员：　　　　应聘职位：　　　　时间：

<table>
<tr><td colspan="4">综合评价（如沟通能力、学习能力、创造性、持久性等）</td></tr>
<tr><td colspan="4">受教育情况（学历、专业）</td></tr>
<tr><td colspan="4">工作经验（专业背景及专长）</td></tr>
<tr><td colspan="2">服务至上理念</td><td colspan="2">□差　□1　□2　□3　□4　□5　□优</td></tr>
<tr><td colspan="2">团队协作精神</td><td colspan="2">□差　□1　□2　□3　□4　□5　□优</td></tr>
<tr><td colspan="2">沟通及语言表达能力</td><td colspan="2">□差　□1　□2　□3　□4　□5　□优</td></tr>
<tr><td colspan="2">诚实、开放、激情</td><td colspan="2">□差　□1　□2　□3　□4　□5　□优</td></tr>
<tr><td colspan="2">分析和解决问题的能力</td><td colspan="2">□差　□1　□2　□3　□4　□5　□优</td></tr>
<tr><td colspan="2">结果导向</td><td colspan="2">□差　□1　□2　□3　□4　□5　□优</td></tr>
<tr><td colspan="2">对行业的兴趣</td><td colspan="2">□差　□1　□2　□3　□4　□5　□优</td></tr>
<tr><td colspan="2">对工作的兴趣</td><td colspan="2">□差　□1　□2　□3　□4　□5　□优</td></tr>
<tr><td>外语水平</td><td></td><td>计算机水平</td><td></td></tr>
<tr><td>过去雇佣的稳定性</td><td colspan="3">□非常稳定　□比较稳定　□经常变动</td></tr>
<tr><td>个性气质类型</td><td colspan="3">□外向　□偏外向　□中性　□偏内向　□内向</td></tr>
<tr><td>应聘的动机</td><td colspan="3">□应届毕业生　□寻求发展　□提高收入　□人际关系　□其他，需说明</td></tr>
<tr><td>常识考试成绩</td><td colspan="3"></td></tr>
<tr><td>优　　势</td><td colspan="3"></td></tr>
<tr><td>不　　足</td><td colspan="3"></td></tr>
<tr><td>目前待遇（工资、职位）</td><td></td><td>期望待遇（工资、职位）</td><td></td></tr>
<tr><td>可到岗时间</td><td colspan="3"></td></tr>
<tr><td>决　　定</td><td colspan="3">（进一步面试）　　（不录用）　　（存档）</td></tr>
</table>

（2）复试。如果楼面经理和人力资源部认为该员工初步符合部门需求，可以安排复试，对该员工的工作水平进行详细的测试。在此，提供一份楼面主管常见面试问题，仅供读者参考。

【范例 4-01】

楼面主管常见面试问题

1. 请描述本岗位的工作职责？
2. 如何搞好餐饮服务质量？
3. 怎样加强餐饮成本控制？
4. 请描述一下你自己的个性？
5. 你觉得自己最大的优缺点各是什么？
6. 你通常从事什么样的休闲活动？
7. 请谈谈在工作时曾经令你感到最沮丧的一次经历？
8. 请谈谈你对加班的看法？
9. 你如何克服工作的低潮期？
10. 你觉得什么样的人最难相处？
11. 你想通过哪些方式得到晋升机会？
12. 你在某公司时，曾经有机会在制

度和组织层面进行调整和改变吗？

13. 你觉得要获得职业上的成功，需要具备什么样的特质和能力？

14. 你对于“创业”有什么样的看法？

15. 你认为“成功”的定义是什么？

16. 请叙述你个人的管理风格？

17. 你觉得自己具备什么样的资格来胜任这项工作？

18. 请问如何兼顾事业与家庭？

19. 如果你有机会重新选择，你会选择何种工作领域？

【范例 4-02】

餐厅服务员常见面试问题

1. 你在学校时曾参加过哪些课外活动？

2. 求学时，你曾利用过课余时间打过工吗？

3. 你在学校时，曾担任过什么职务？

4. 你觉得自己还有哪些方面的特长没有写在履历表上？

5. 你在时间安排方面的能力如何？

6. 你觉得自己最大的优缺点各是什么？

7. 你通常从事什么样的休闲活动？

8. 请描述一下你自己的个性？

9. 你找工作时最在乎的是什么？请谈一下你理想中的工作？

10. 你认为对餐饮服务员来说，有礼貌的服务和敏捷的服务哪个更重要？

11. 请阐述本岗位的工作流程？

12. 你觉得什么样的人最难相处？

13. 公司什么样的管理风格是你所欣赏的？

14. 你比较喜欢团队合作的工作方式，还是独立作业？

15. 在工作中，你与同事之间发生问题时，你会怎么做？

16. 对于领导的批评，你通常会有什么样的反应？

17. 在工作中，如果明知“这样做不对”，你还会按主管的指示去做吗？

18. 请谈谈在工作时曾经令你感到最沮丧的一次经历？

随手札记

19. 你与同事之间的相处曾有不愉快的经历吗?

20. 假如你有一个常客总是抱怨某种菜品不合口味，你怎样对他解释?

21. 你如何克服工作的低潮期?

22. 你可以接受工作外调的安排吗?

23. 请谈谈你对加班的看法。

24. 你想通过哪些方式得到晋升机会?

25. 你觉得要获得职业上的成功，需要具备什么样的特质和能力?

26. 你期望的待遇是多少?

27. 你会考虑接受低于期望的待遇吗?

28. 你对于我们餐厅了解多少?

（三）员工录用

一旦该人员通过复试，楼面经理应通知人力资源部向其发送录用通知书，以便安排新员工入职培训工作。

三、新入职员工培训

餐厅人力资源部会对新员工进行总体培训，如介绍餐厅的各项规章制度等。当员工分配到楼面部之后，楼面经理要从楼面部门的角度出发，对新员工进行部门级专业培训，这是以部门相关工作为主。

新员工入职培训是楼面经理的一项重要工作，缺乏培训可能会导致他们在工作中出现失误，工作效率低下等情况，这就降低了客人满意度，从而降低整个餐厅的收入。对新员工培训以及监督员工操作可以使本部门长期保证最高工作水准，并且可以与新员工建立良好的工作关系。

（一）新员工培训要点

新员工培训要点如图4-1所示。

1．分配工作岗位

楼面经理在分配新员工工作岗位时，不一定要将其分配到人手不足的部门。重要的是，该工作岗位上一定要有优

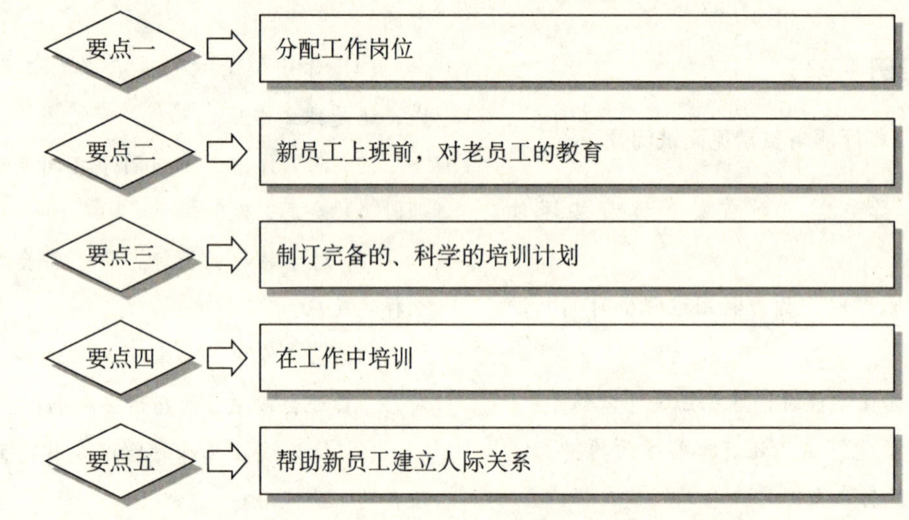

图4-1　新员工培训要点

秀的指导员。可能的话，就算是工作性质不同，也应该让新员工到有优秀指导员的工作岗位上去接受一年或半年的培训。

2．新员工上班前，对老员工的教育

楼面经理要教授新员工工作流程、规则及工作方法，首先要做的就是要求老员工按照标准程序来做。因此，在新员工上班的前一个月，就应该先施行老员工的教育，教育内容可由老员工自行讨论，将自己计划教授新员工的项目一一提出，但是在新员工上班之前自己必须先达到所拟订的教育内容。

3．制订完备的、科学的培训计划

工作计划越详细越好。当然，首先要将工作上的知识、技术和各个工作岗位固有的传统精神等内容，详细地列出来。计划中比较困难的可能就是态度培训。态度培训中最重要的一项是设定具体而可以付诸行动的目标，而不是抽象的口号。

4．在工作中培训

培训新员工的重点应该放在工作中。例如，若要培训新员工的团队精神，可以以两三名员工一组，并给他们时间限制，要求他们在规定时间内完成某件事。如此培训不但可以使他们体会到团队精神的重要性，也可以让他们彼此之间建立起良好的人际关系。

5．帮助新员工建立人际关系

新员工一般会很担心自己是否能建立良好的人际关系，多数的人际关系是借着工作建立的，下面是一些更实用、更有效帮助新员工建立人际关系的方法：

（1）工作中的闲谈。楼面经理偶尔也要和新同事谈些轻松的话题，在一种放松的气氛中帮助新员工建立良好的人际关系。

（2）离开工作岗位后的休息。楼面经理可以利用中午休息时间，搞些文体活动等，更容易让新员工同老员工搞好关系。

随手札记

（二）制订培训方案

楼面经理也可以制订合适的培训方案，帮助员工更快地投入到工作中去，以下提供两份新员工培训方案，仅供读者参考。

【范例 4-03】

××楼面部新员工培训方案

餐厅自开业以来，随着社会的进步、经济的发展，使餐厅经营环境竞争更加激烈，经营成本及费用继续增加，人员招聘面临较大压力，员工队伍向心力尚未形成。根据餐厅经营方针及指导思想，对楼面部新员工培训作如下安排：

一、培训方针

1. 专业：加强专业化学习，加强同行交流与对外学习，开阔视野与思路。

2. 实用：根据餐厅实际情况开展培训，以解决工作中问题和餐厅发展为目的。

3. 高效：日常性工作条理化，加强时间管理，提高工作效率。

4. 创新：在企业文化建设、学习氛围营造、课程开发等方面不断创新。

5. 分享：营造互动学习型组织，相互学习，相互分享，相互提高。

二、培训规划

每周每天开展2.5小时的新员工培训，四周时间将全部培训到位。新员工上岗前，先进行一对一的规章制度及礼貌礼节的专项培训，具体如下表所示。

培训规划

周期	时 间	培训内容	目 的	授课老师
第一周	13:30～16:00	军训	加强纪律	
第二周	13:30～16:00	仪容仪表、店规店纪	了解餐厅历史	
第三周	13:30～16:00	餐厅概况、餐厅信息咨询	了解餐厅常识	
第四周	13:30～16:00	服务技能实操培训	了解运用	

三、培训内容

1. 餐饮服务礼仪、仪容仪表、手势与站姿、礼貌用语。

2. 各岗位服务人员的岗位职责。

3. 酒水知识、餐前准备工作、迎宾工作规范、餐中服务、开餐流程、如何处理客人投诉、点单服务流程。

4. 托盘服务规范、上菜程序、斟酒程序、传菜程序、巡台程序、结账程序、收台程序、餐中服务技巧。

5. 婚宴餐前准备工作、婚宴服务流程、婚宴细节服务。

6. 各岗位运营的工作衔接程序。

7. 仪容仪表实际操作、礼貌用语练习。

8. 点菜、上菜、分菜、托盘程序、斟酒的实际操作。

9. 服务技巧、巡台工作要点和实际操作。

10. 婚宴接待程序、模拟操作服务流程、练习开单。

11. 自我介绍。

12. 菜品的营养搭配、点菜技巧。

【范例 4-04】

××餐厅新员工入职培训大纲

基础培训：

内容	培训日期	培训时间	培训师
仪容仪表	6月15日	1小时	
餐厅相关信息	6月15日	1小时	
托盘实操	6月16日	1小时	
接听电话	6月16日	1小时	
迎宾	6月16日	1小时	
接电话和迎宾实操	6月16日	1小时	
引领客人入位	6月17日	1小时	
菜单的展示	6月17日	1小时	
铺口布	6月17日	1小时	
上茶递巾服务	6月18日	1小时	
酱油醋服务	6月18日	1小时	
点菜服务	6月18日	1小时	
席间服务	6月18日	1小时	
结账	6月19日	1小时	
收台	6月19日	1小时	

摆台：

内容	培训日期	培训时间	培训师
零点摆台标准	6月20日	1小时	
宴会摆台标准	6月20日	1小时	
西餐摆台标准	6月21日	1小时	
自助餐摆台标准	6月21日	1小时	

餐厅服务操作流程：

内容	培训日期	培训时间	培训师
中餐零点	6月22日	1小时	
中餐宴会	6月22日	1小时	
西餐零点	6月23日	1小时	
自助餐	6月24日	1小时	
会议与茶歇	6月24日	1小时	

餐饮相关知识培训：

内容	培训日期	培训时间	培训师
菜单培训	6月25日 6月25日	4小时	
酒水服务	6月26日 6月26日	3小时	
预订服务	6月27日	1小时	
餐饮服务中常见的问题	6月27日	1小时	
如何正确处理	6月28日	1小时	
高效率工作与送餐实操	6月28日	1小时	
相关餐饮英语培训	6月29日	1小时	

总结：

总结与回顾	6月30日	2小时	

【范例 4–05】

××餐厅新员工培训体系

为了提高服务质量，争创本市服务第一，树立服务亮点，提高餐厅品牌推动，组建新人员服务培训体系，促使新人更快地融入到服务状态中，加强各项服务质量的提高。为了给宾客提供一个全面的服务模式，提高服务水平和灵活语言技巧业务技能，更好地提高服务水平和服务质量，并且直接提高餐厅的品牌影响力，促使客人对餐厅服务的评价得到客人的满意度。

一、培训计划流程

（一）考核项目

考核项目主要包括摆台考核、服务流程考核、礼仪操考核、业务知识理论考试。

（二）培训分工负责表

新员工培训分工负责事宜，具体如下表所示。

培训分工负责表

序号	培训项目	培训目的	参加人员	责任人
1	礼貌礼节	提高礼貌素质	新员工	丁××
2	仪容仪表	统一标准规范	新员工	丁××
3	肢体礼仪操	统一肢体操作标准	新员工	丁××
4	服务流程	提高服务质量	新员工	渠××
5	摆台	提高摆台技能	新员工	纪××
6	口布折花	掌握口布折花技巧	新员工	吴××
7	托盘	提高服务技能	新员工	吴××
8	斟酒	掌握斟酒技能	新员工	吴××
10	特色菜品	了解菜品结构知识	新员工	李××
11	常用酒水	提高酒水服务质量	新员工	李××
12	酒水知识培训	提高服务业务知识	新员工	区域主管
13	菜品知识培训	提高服务业务知识	新员工	区域主管
14	心态服务意识培训	提高服务质量	新员工	徐××

（三）培训课时计划

培训课时计划，具体如下表所示。

培训课时计划

授课人：丁××　　　　培训内容：礼貌礼节、仪容仪表、肢体礼仪操

日期	课时	时间	培训内容	培训目的
8月30日	第一节	8:30～9:00	礼貌礼节	提高礼貌意识
8月30日	第二节	9:00～9:30	仪容仪表	掌握仪容仪表标准，统一规范
8月31日	第三节	8:30～9:00	礼仪操视频（12节）	了解礼仪操基本标准
8月31日	第四节	9:00～9:30	礼仪操（前4节）	分阶段练习，掌握基本要领
9月1日	第五节	8:30～9:00	礼仪操（中4节）	分阶段练习，掌握基本要领
9月1日	第六节	9:00～9:30	礼仪操（后4节）	分阶段练习，掌握基本要领
9月2日	第七节	8:30～9:30	模拟礼仪操练习	巩固练习效果

授课人：渠××　　　　培训内容：服务流程

日期	课时	时间	培训内容	培训目的
9月3日	第一节	8:30～8:40	服务流程（18节）	了解中餐宴会服务流程
9月3日	第二节	8:40～9:30	服务流程（前6节）	掌握前6节服务流程标准
9月4日	第三节	8:30～8:40	提问前一天培训	了解员工接受前一天培训的情况
9月4日	第四节	8:40～9:30	服务流程（中6节）	掌握第7～12节服务流程
9月6日	第五节	8:30～8:40	提问前一天培训	了解员工接受前一天培训的情况
9月6日	第六节	8:40～9:30	服务流程（后6节）	掌握后6节服务流程标准

授课人：纪××　　培训内容：摆台理论、摆台实训

摆台理论：

日期	课时	时间	培训内容	培训目的
9月9日	第一节	8:30～9:30	摆台视频	了解摆台的程序
9月10日	第二节	8:30～9:30	摆台技巧	了解、掌握摆台标准
9月11日	第三节	8:30～9:30	摆台实操	进一步掌握摆台流程、标准

摆台实训：

日期	时间	课时	A组	B组	C组	D组
9月13日	第四节	8:30～9:00	托盘练习	餐台摆位	站姿、走姿	手势方向指引
9月13日	第五节	9:00～9:30	餐台摆位	站姿、走姿	手势方向指引	托盘练习
9月14日	第六节	8:30～9:00	站姿、走姿	手势方向指引	托盘练习	餐台摆位
9月14日	第七节	9:00～9:30	手势方向指引	托盘练习	餐台摆位	站姿、走姿

授课人：李××　　培训内容：托盘、口布折花、斟酒

托盘、口布折花、斟酒理论知识：

日期	课时	时间	培训内容	培训目的
9月15日	第一节	8:30～9:30	托盘	掌握托盘技巧
9月16日	第二节	8:30～9:30	口布折花	掌握十种口布折花的技巧
9月17日	第三节	8:30～9:30	斟酒	掌握斟酒标准

托盘、口布折花、斟酒实训：

日期	课时	时间	A组	B组	C组
9月18日	第四节	8:30～9:00	口布折花练习	托盘训练	斟酒练习
9月18日	第五节	9:00～9:30	斟酒练习	口布折花练习	托盘训练
9月20日	第六节	8:30～9:00	斟酒练习	口布折花练习	托盘训练
9月20日	第七节	9:00～9:30	口布折花练习	托盘训练	斟酒练习

授课人：李××　　　　培训内容：特色菜知识与操作

特色菜知识：

日期	课时	时间	培训内容	培训目的
9月21日	第一节	8:30～9:30	河豚操作	提高特色菜品操作技能
9月22日	第二节	8:30～9:30	竹林鸡三吃	提高特色菜品操作技能
9月23日	第三节	8:30～9:30	海参水饺	提高特色菜品操作技能

特色菜操作：

日期	课时	时间	A组	B组	C组
9月24日	第四节	8:30～8:50	河豚操作	竹林鸡三吃	海参水饺
9月24日	第五节	8:50～9:10	海参水饺	河豚操作	竹林鸡三吃
9月24日	第六节	9:10～9:30	竹林鸡三吃	海参水饺	河豚操作

（四）考核时间

考核时间如下表所示。

考核时间

序号	考核内容	考核时间	考核地点	参加人员	评审人员
1	摆台考核	10月1日8:00	××厅	新员工	经理、办公室
2	服务流程考核	10月2日8:00	××厅	新员工	经理、办公室
3	业务知识理论考试	10月3日8:30	××厅	新员工	经理、办公室
4	礼仪操考核	10月4日8:30	××厅	新员工	经理、办公室

（三）新员工培训成果评估

对新员工的培训内容可参考本书第三章中在职员工月度培训相关内容，因为楼面部基层工作岗位注重实操性，新员工与老员工工作内容基本相同。培训结束后，楼面经理要对培训成果进行评估，如表4–6所示。

如果新员工对培训中的相关内容仍不清楚，楼面经理应安排培训老师进行耐心讲解，必要时自己应亲自讲解。

表4-6　新员工培训成果评估表

序号	类别	评估标准
1	工作的流程评估	（1）了解工作流程 （2）了解内部上下关系 （3）了解横向的联系、合作关系 （4）做工作必定有始有终
2	指示、命令的重要性	（1）了解上司的指示、命令 （2）指示、命令若有不明之处，必定确认到懂为止，复诵指示、命令，加以确认 （3）遵守指示、命令
3	工作的步骤、准备	（1）了解工作步骤 （2）了解工作准备得当，进展就顺利 （3）了解工作的准备方式 （4）按照步骤、准备程序完成工作
4	报告、联络、协商	（1）了解报告、联络、协商是工作的重点 （2）报告时，先讲结论 （3）联络应适时、简要 （4）了解协商可以使工作顺利完成
5	经营理念	（1）了解本店的经营理念 （2）随口能背出经营理念 （3）以经营理念为荣 （4）以经营理念为主题，写出感想
6	餐厅的组织、特征	（1）以简单的图解表示出本店的组织 （2）了解各部门的主要业务 （3）了解本店的产品 （4）能说出本店产品的特征

四、餐厅广告营销管理

如今，“酒香不怕巷子深”的时代已经过去，这是一个讲求品牌的市场，依靠口碑传播已经赶不上市场发展节奏，大张旗鼓地做广告已经成为餐厅主要的营销策略。

（一）电视广告营销

电视广告适合做宣传餐厅形象广

告、特别活动广告等。针对外宾、常驻机构的电视广告最好安排在新闻，特别是外文新闻的前后效果更好。

相信大家首先看到最多的餐饮电视广告，可能还是肯德基、麦当劳、必胜客等洋品牌，真正国内餐厅采用电视广告的是相当的少，很大原因是基于其高昂的广告费。其次这些洋品牌是全国连锁，所以其广告收益也是相当地可观。

如今，各种电视广告可以说是让客人目不暇接，因此只有富有创意的广告，才能吸引客人。那么，餐厅的电视广告该如何提高自己的创意水平呢？要从电视广告的社会大环境讲起，站在消费者的角度去审视电视广告创意。

1．考虑社会大环境，融合文化传统

餐厅电视广告作为社会文化体系的一部分，就必须融合社会的特点，考虑公众的普遍心理，尊重多种的文化习俗。不同的国家传统文化与民族尊严应该得到尊重，任何广告文化都受其民族传统文化、习俗与民族心理的影响。

餐厅电视广告创意首先是必须考虑经济性原则，在最短的时间讲最有效的事儿。精练的创意让目标消费者在最有限的广告时间获取到最深刻的印象。

2．创意切合品牌、产品特征

一份好的电视广告创意必须有一个创意良好、系统运行完善的广告策划案作为支持。电视广告作为广告产品宣传的一种方式，其目标是达到产品的销售和公司的整体营销。

特别提示：

我国电视广告普遍存在创意水平不高的现状，随处可见“牛皮癣”式的广告，不仅不能达到营销目的，反而是极大降低公司和产品的形象，得不偿失！

产品必须是有一个独特的销售主张，有一个明确的定位。才能在消费者心中占有一个独特的位置，才能促使消费者保留对产品的印象，加深对产品的认知，引发购买的欲望。

3．优化和加强感官印象

电视广告创意作品必须追求视觉形象的大众要求，在色彩、构图、音乐等方面符合受众的审美需求。年轻人的产品追求活力和个性，在色彩方面要求亮丽点。创意的情感诉求也是很重要的一方面。

4．善加利用代言

电视广告名人代言是常见的，但是也应该慎重选择代言的明星，尽量选取与品牌产品关联度高的。有个性的广告也可以像有个性的人一样赢得人心很多知名的品牌，中心人物代言也是很有效的一种广告方式。像“麦当劳叔叔、肯德基上校”等，均塑造了属于品牌或产品的中心人物，拉近了和消费者之间的距离，尤其适合担当服务大使的角色。

（二）电台广告营销

电台广告是一种线形传播，听众无法回头思考、查询，只要善于运用口语或者生动具体的广告词语来进行表述，不要过于烦琐，尽量少用重句，能够使听众一听就明白，一听就懂，产生绝佳的广告效果。

一般电台广告适合对本地或者周边地区的消费群体。电台广告特点主要包括以下几点：

（1）成本较低、效率较高、大众性强。一般可以通过热线点播、邀请嘉宾对话、点歌台等形式，来刺激听众参与，从而增强广告效果。

（2）存在着不少缺陷，如传播手段受技术的限制；不具备资料性、可视性；表现手法单一；被动接受性等。

（3）各地地方性电台广播节目琳琅满目，选择适合日常生活产品消费群体所收听的节目更加重要，如果消费者多为上班族、学生和小孩等人群，则首选生活频道。

（4）对于一些娱乐性极强，受众率极高的节目也是不可忽视的，需要根据当地实际情况、作详细的市场调查，寻找适合自身产品消费者广泛收听的节目。当选择采用电台广播之后，要确定宣传内容为开业时间、开业促销方案等。

现在，许多电台都设有与餐饮行业相关栏目，如美食推荐之类的，有专门的记者负责餐饮美食类活动策划等。电台广告一般都有专门广告制作公司制作，餐厅可

特别提示：

作为广告宣传类广播，时间较为短暂，一般多在30～60秒之间，故费用较低。所以在次数上可以安排每天两次，连续播放3～5天。

以选择资质较好的公司进行合作。

（三）杂志广告营销

杂志可分为专业性杂志、行业性杂志、消费者杂志等。由于各类杂志的读者群体比较明确，所以餐厅可以有针对性地选择合适的杂志发布营销广告。

餐饮行业杂志主要有《美食与美酒》《楼面经理人》《中国烹饪》《天下美食》《贝太厨房》《名厨味道》等。杂志广告具有以下特点。

（1）针对性强、专业性强，范围相对固定，即不同的人阅读不同的杂志，便于餐厅根据目标对象选择其常读的杂志投放广告。

（2）储存信息量大，图文并茂，专栏较多、较全，且纸张、印刷质量高，对消费者心理影响显著。

（3）出版周期长，适用于时效性不强的广告。

餐厅可以有目标地选择一些杂志登广告。如针对新婚夫妇婚礼宴会的广告，可登在《家庭》《现代家庭》《中国青年》等杂志上。

（四）地铁广告营销

随着中国城市规模的快速扩大，地铁网络得以迅速发展。地铁媒体在受众数量、受众质量以及媒体传播环境等衡量媒体价值的重要指标上得到有力提升，成为企业传达信息的有效媒介渠道。地铁视频广告不仅包括各种静态宣传画，也包括动态视频广告。现在，地铁的站台与车厢内全都装有收视终端，编织成了一个庞大的播出网络，乘客无论身处何处都可以轻易收视，拥有其他媒体无法比拟的广告平台。

（五）电梯广告营销

电梯广告是一种富有创意的非传统媒介，能直接有效地针对目标受众传达广告信息。据测算，凡居住或工作在高层住宅楼的用户，每人每天平均乘坐电梯五次，电梯广告至少有三次闯入他们的视线，这样的高接触频率使其具有更好地传播效果。现代城市高楼林立，电梯楼也越来越多，在最有效又经济的前提下，从众多的楼房中选择出最有效的电梯作为推广场所也就显得尤为重要。

（1）选择的楼房应是入住率在80%以上的住宅楼或写字楼。

（2）根据当地电梯楼的数量、密度制订投放计划，一般情况下，应一次性覆盖2～3个区域、精选7～8部电梯实施投放。

（3）向该预选楼房电梯广告代理公司咨询广告投放的相关事宜。

（4）电梯广告因其针对性强，在操作时可考虑以美食外送服务为主。

（六）路牌广告营销

路牌广告是指在公路或交通要道两侧，利用喷绘或灯箱所发布的广告，它是户外广告的一种重要形式。路牌广告可以根据地区的特点选择合适的广告形式，可以对经常在附近活动的固定消费者进行反复宣传，使其印象深刻。路牌广告可分为平面广告和立体广告两大类。平面路牌广告包括招贴广告、海报、条幅等。立体广告则包括霓虹灯、广告柱及广告塔灯、灯箱广告等。

五、餐厅跨界营销

所谓“跨界营销”，就是餐厅与其他企业合作，利用合作企业的客户资源来实现双赢，是广告营销的一种新形式。餐厅常见的跨界营销方式，具体如表4-7所示。

表4-7　餐厅常见的跨界营销方式

序号	方式类别	具体说明
1	与银行捆绑合作营销	现在，许多餐厅都会选择与银行合作，成为银行优惠商户，持卡人到优惠餐饮商户消费即可享受相应折扣或优惠。既然成为银行特惠商户有利于餐厅的发展，那么如何选择合适的银行呢？餐厅可以对自己的消费群体进行划分，找出主要消费群体，然后查找银行主要客户，从而找到与自己企业客户群体大致相同的银行开展合作。一般在银行官网或特惠商户服务建议书上都会有其持卡人的相关资料介绍
2	与商场（超市）合作营销	餐厅可借用商场（超市）开展营销。如将餐厅免费优惠券放在收银台处由客人自己随便拿取，或在商场（超市）消费满一定金额即送代金券等
3	与电影院合作营销	吃饭、看电影是人们休闲娱乐的重要方式，吃完饭到电影院看电影是很多人的习惯。因此，餐厅可以选择与附近电影院合作，如消费满一定金额即送电影票一张等
4	与饮料企业合作营销	餐厅与饮料有什么共通之处，其合作对于餐厅营销有何好处？显而易见，这两种类型的企业都属于“吃”的范畴。在超市购物买完饮料，刚好可以去餐厅吃个晚餐，何况还有优惠呢？这种营销对于消费者而言具有一定的吸引力
5	与互动游戏企业合作营销	互动游戏是年轻人的最爱，因此以年轻人为消费群体的餐厅可以选择与其开展合作营销，以推广品牌、实现共赢。对于餐厅而言，与互动游戏合作是一种新的跨界营销方式，无疑是一个很好的尝试。当然，餐厅同样需要寻找到与其消费群体大致相同的互动游戏企业
6	与电器卖场合作营销	目前，很多客户习惯于逛完卖场直接进餐厅，品尝肯德基、必胜客、小肥羊等品牌，体验集购物、餐饮、休闲于一体的一站式服务，所以，餐厅可以与电器卖场开展合作营销

六、餐厅网络营销管理

随着网络的普及和发展，人们几乎能在网上买到任何商品，可以说足不出户就能满足自身的基本生活需求。对于餐厅来说，网络营销更是必不可少的营销手段。

（一）微信营销

微博是一个偏媒体属性注重传播的平台，微信是一个偏工具属性注重沟通互动的平台。微信更多的是扮演一个对话/沟通/服务/管理的工具。对于餐饮行业而言，微信是一个实用的“活菜单活地图”，免费的scrm管理系统和一个免费的群发信息平台。餐厅可以把微信公众账号变身为一个移动版的便携式“活菜单”，餐厅能留在用户微信通信录中当他有需求的时候能够轻易找到餐厅，那么餐厅的目的就达到了。顾客只需输入餐厅地址即可获得最近的店铺地址。这对于餐饮企业来说，你再也不用担心消费者记不住你有多少分店，哪一家离他们最近，顾客只需要输入自己的位置，就近推荐离你最近的一家店。

餐厅微信账号的粉丝在一定程度上是许可接受企业信息的。此时餐厅尽可开展内容营销魅力。你可推荐最新的产品/服务，优惠活动或知识性的内容，不断提高内容的价值感，但需要在频率和内容采编上稍微注意，不宜有扰民之嫌。例如×××的“9折菜品优惠，省钱大作战”就受到粉丝们的欢迎，微信重在沟通对话互动，它不应该成为一个冷冰冰信息发布机器，它也不是一个只会提供使用价值的平台，它应该作为一个将消费者与餐厅连接起来的好玩平台，它帮助餐厅与消费者建立的不仅仅是物理链接更有情感链接。餐厅应该充分利用微信的互动性强化与粉丝的关系，与他们展开趣味互动对话。例如，×××的互动答题赢优惠券活动，题虽简单，但是都与自身相关，强化粉丝对于自己的了解。×××还有一个活动就是输入×××即可随机为你推荐一首歌曲，缓解顾客点餐后等待的无聊。所以一个企业微信账号并不是一味地推广告，而是要学会给粉丝带来价值和快乐，把他们当作朋友来看待。

（二）微博营销

如今，使用微博是一种时尚，比如在公交广告上可以看到“来搜狐微博看我”之类的广告。因此，微博自己本身也在做广告营销，餐厅利用微博来进行营销，可以说是节省了一定的营销成本。

餐厅需要根据客人需求发布微博，其内容一般包括产品介绍、新品上市信息、营销活动宣传、食客互动和品牌宣传等。

餐饮服务是高接触度服务，多数服务都需要消费者到达现场才能体验。餐厅应利用这个特点，通过各种活动增加企业和消费者之间的互动，并通过微博进行直播，使用户的消费过程更加有趣、消费体验更加精彩。如通过微博成为本店粉丝，可享受打折优惠；餐后参与微博点评，可获得代金券一张；通过微博提前预订餐位，可获得特价菜一道等。

（二）团购营销

什么类型的餐厅适合采用团购营销模式？餐厅应该在什么情况下采取团购营销方式？

（1）新开张的餐厅可以采取网络团购营销模式吸引客源、聚集人气，同时达到广告宣传效果。

（2）快餐型餐厅适宜开展网络团购，比如火锅、烧烤、面食等。

（3）网络团购适宜做套餐，便于操作、管理和核算。

特别提示：

餐厅实行团购营销，都是以吸引客人、从而实现盈利为最终目的。但是，现在许多团购服务的品质都不太高，导致许多人对团购持有怀疑态度。

（4）餐厅可以选择网络团购的营销方式应对激烈的竞争，以聚拢人气。

（5）位置不佳的餐厅适宜采取团购方式来吸引客源，同时这也是一种广告宣传。

（6）餐厅搬到新地址来不及告知老客人时，可以采取团购营销方式。

（三）电子优惠券营销

餐厅可以使用以下几种方式开展电子优惠券营销。

（1）在各论坛上以帖子的形式免费发布电子优惠券。

（2）在餐厅网站上发布优惠券下载软件，便于用户自行下载使用。

（3）与各餐饮点评网、口碑网等进行合作，在其网站上面发布优惠券。

（4）在餐饮行业的门户网站上发布电子优惠券信息，这种方式可以让消费者觉得专业度和可信度比较高。

（四）网上订餐外卖

开展外送业务的餐厅可以为消费者提供网上订餐服务。网上订餐主要有以下两种方式。

一种是餐厅建立自己的网络订餐平台，直接向消费者提供网络订餐服务。目前，肯德基、麦当劳、永和豆浆、海底捞等都有自己的网络订餐平台。另一种是餐厅利用一些综合订餐平台为消费者提供订餐服务，企业可以利用这些平台增加销售渠道。

（五）网上点餐营销

网上点餐就是客人通过互联网在线选择餐厅、点餐、选座和支付，随后到店完成消费的过程。随着有些餐厅网上交易平台的上线，客人能以最便捷的方式找到餐厅，不用进入实体店面就可以看到餐厅优美的环境和让人垂涎欲滴的美食，并在第一时间获得各种优惠、打折和营销信息。

此外，现在也出现了许多第三方点菜订餐网站，如点菜谱网、吃点网（上海）、随点外卖（深圳）等。

七、餐厅店内营销管理

餐厅店内有许多可以利用的营销载体，将其运用好了，同样可以产生极好的营销效果，如内部宣传品营销、服务营销等。

（一）内部宣传品营销

内部宣传品营销，具体如表4－8所示。

表4-8　内部宣传品营销

序号	营销方式类别	具体说明
1	节目单	餐厅可以将本周、本月的各种餐饮活动、文娱活动信息印刷成节目单放在餐厅门口或电梯口、总台。印刷和使用这种节目单时要注意下列事项： （1）节目单的印刷质量和制作工艺要与餐厅的档次相一致，不能粗制滥造 （2）一旦确定了的活动不能随意更改和变动。在节目单上一定要写清时间、地点、餐厅的电话号码，并印上餐厅的标记，以强化营销效果
2	餐巾纸	现在，一般餐厅都会在用餐过程中给客人提供餐巾纸，有的是免费提供的，有的则是收费的。餐厅可以在餐巾纸上印上企业名称、地址、标记、电话等信息，以达到营销和宣传效果
3	火柴盒	餐厅可以将印有餐厅名称、地址、标记、电话等信息的火柴送给客人，以便对企业进行宣传。火柴可定制成各种规格、外形、档次，以符合企业自身的实际情况
4	小礼品	餐厅可以在一些特别的节日和活动期间，甚至在日常经营期间送一些小礼品给用餐的客人。小礼品要精心设计，如果能根据不同的场合和对象有针对性地分别赠送，其效果会更为理想。常见的小礼品有生肖卡、印有餐厅广告和菜单的折扇、小盒茶叶、卡通片、巧克力、鲜花、口布套环、精制筷子等
5	告示牌	餐厅可以在门口招贴诸如菜品特选、特别套餐、节日菜单和新服务项目等的告示牌。告示牌的规格和制作工艺要和餐厅的形象相一致，用词要考虑客人的感受。“本店晚上十点打烊，明天上午八点再见”比“营业结束”的牌子会让客人觉得更亲切，“本店转播世界杯足球赛”的告示远没有“欢迎观赏大屏幕世界杯足球赛实况转播，餐饮不加价”的营销效果好

（二）服务营销

1．知识性服务营销

餐厅可以在餐厅里放置报纸、杂志、书籍等供客人阅读，或者播放新闻、体育比赛等节目。在客人等待上菜期间，还可以提供一些报纸、杂志供客人阅览，这样一方面会让客人感到服务周到细心，同时还会消除客人等待时的无趣。

2．附加服务营销

在午茶服务时，赠给客人一份小糕点；晚餐用毕，给女士送一支鲜花等；客人感冒了要及时告诉厨房，为客人熬上一碗姜汤……虽然都是很小的礼物，但是客人会很感激你，会觉得你在为他着想，正所谓“礼轻情意重”。

在客人用餐过程中适当地运用讲解，也是一种有效的附加服务营销。如给客人倒茶时，可以一边倒茶水一边说“您的茶水，请慢用，祝您用餐愉快”；在客人点菊花茶的时候，可以告诉客人“菊花能清热降火，冰糖能温胃止咳，常喝菊花有益于养生”；客人过生日的时候，如果干巴巴地为他端上一碗面条，会让他觉得很普通，而如果端上去后轻轻挑出来一根搭在碗边上，并说上一句：“长寿面，长出来。祝您福如东海、寿比南山。”这会让客人会感觉到很有新意（心意）、很开心，这碗面也就变得特别了。

3．娱乐表演服务营销

一股表演之风正在餐厅流行起来，如民族风情表演、民俗表演、变脸表演、舞蹈表演、“二人转”等传统曲艺表演。

这些表演大多是在大厅里举行，并不单独收费，是商家为吸引消费者眼球而提供的一项免费服务。在激烈的市场竞争中，餐厅不做出点特色来就很难立足。

如某网友评价一家餐厅的演出说：“这里的演员真的是很卖力，演出博得了一阵阵的掌声，引起了客人强烈的共鸣。服务员还会给每个客人发一面小红旗，不会唱也可以跟着摇。服务员穿插在餐厅之间跳舞，与客人的互动性极强。这种注重客人参与性的服务方式，必然会赢得更多的‘回头客’。”

4．菜品制作表演营销

在餐厅进行现场烹制表演是一种有效的营销形式，还能起到渲染气氛的作用。客人对菜品制作过程可以一目了然，从而产生消费冲动。现场演示营销要求餐厅有宽敞的空间和良好的排气装置，以免油烟污染餐厅或影响客人就餐。

俏江南强调把菜品制作过程当成一种让客人参与体验的表演。比如“摇滚沙拉”和“江石滚肥牛”等招牌菜品，服务员一边表演菜品制作，一边介绍菜品的寓意或来历等，使消费者产生深度的参与感，并获得全新的消费体验。

5．借力营销

餐饮服务员向客人介绍和营销菜品时，可借助餐厅的名气、节假日的营销活动、金牌获奖菜的美名以及名人效应来向客人推荐相应的菜式，这样会得到事半功倍的效果。常见的借力营销方法，具体如表4-9所示。

表4-9 借力营销方法

序号	方法类别	具体说明
1	借助餐厅名气营销	沈阳鹿鸣春餐厅是一家百年的老字号，其名字“鹿鸣春”来源于《诗经·小雅》，有浓厚的历史文化韵味。每次接待客人，餐饮服务员都要介绍店名的来历，这对推荐高档菜肴起到了强化作用。如鹿鸣春的“富贵香鸡”就是以“常熟叫化鸡”为基础，在名厨的指导下用环保、绿色的工艺手法进行了大胆的创新，受到海内外客人的一致好评
2	借助节假日活动营销	在营销菜品时，餐饮服务员不要忘记向客人传递企业节假日营销活动信息，如节假日的营销举措、美食节期间创新菜的信息、店庆时的优惠信息等，这些会激起客人再次光临就餐的欲望
3	借助金牌获奖菜营销	某餐厅的“游龙戏凤”“凤眼鲜鲍”“兰花熊掌”“红梅鱼肚”等曾获得某美食节大赛金奖，长销不衰，由于该系列菜品食材珍稀、加工精细，给客人带来了难以忘怀的享受，很多客人在餐厅就餐必点这四道名菜。餐饮服务员介绍和推荐此类菜品的过程之所以十分顺畅，正是借助了金牌获奖菜的品牌效应
4	借助名人效应营销	“名人菜谱”也可以成为卖点。某名人在南京访问期间专门赴“状元楼”品尝秦淮小吃，这个消息不胫而走，大家对这家餐厅的美食产生了浓厚兴趣，于是该店的风味菜品大受欢迎。所以，餐厅若能利用好“名人效应”，则会更有利于菜品营销工作

八、做好销售成本控制

无论客人数量多少，许多成本都是没有多大变化的，如租金、人工成本、电费等。增大销售就是降低成本，楼面经理应注重在销售环节的成本控制。

（一）突出经营特色，减少成本支出

依靠别致的环境和口味吸引，用常变常新的菜品来吸引客人。从成本控制上考虑，如果要采取多种经营，成本上就会很铺张，管理也会增加很大难度。

（二）从销售角度调整成本控制

体现餐厅特色，由服务员推荐及厨师亲自推荐来进行宣传、推荐新的菜品。餐厅有剩余原料推广介绍力度更大一些。如没有效果，就内部消耗掉。同时要寻找原因，口味问题还是外界原因，是口味问题考虑更换菜单。

（三）增加客人人数

产品和服务有一个普遍接受的市价。通过异质产品提供，营造客人对餐厅的忠诚感，可达到增加就餐人数的目的。要有计划性地将本餐厅的产品和服务与竞争对手区别开。客人在不同的场合对服务有不同的要求。

确定菜品种类时考虑厨房设备、厨师技术力量、成本等因素。需要增加就餐人数时，制定适当的方案去达到预定目标。持续形成大量等位现象时，通过产品调整、价格调整、菜品质量更精细、服务水平提高等方法减少就餐人数。

（四）增大销售及客人购买力

1．菜单编制

菜单编制要利于影响客人购买餐厅最想售出的菜品。

（1）确定分类菜品在菜单中的位置。

（2）从单一菜品贡献差额率角度考虑到编排位置。

（3）确定菜品的名称要使用描述语言，但不宜过于夸张。

（4）用配以图片的方式影响客人的购买行为。

特别提示：

图片影响消费的作用较大，配图比例不当，可能造成经营管理者不愿得到的结果。

2．推销技巧

服务员把菜品和饮品的信息传递给客人，引起兴趣，激发购买欲望，促成购买行为。必须使用正确的销售技术，不能盲目“营销”。

（1）服务者的自我销售，良好的仪表、正确的站姿、自信的神态等。

随手札记

（2）准确预计客人的需求再进行销售。熟悉菜品是餐饮推销的前提，服务员要熟悉菜单上的每个菜品，熟悉各菜品的主料、配料、烹调方法和味道。菜品的介绍要能调动客人的购买动机。

（3）为客人介绍菜品时要有针对性，时刻为客人着想。服务员应了解客人的用餐目的，面对不同的客人，不同的用餐形式，不同的消费水准，进行有针对性的推销。如对家宴要注重老人和孩子们的选择；对情侣则一般要侧重于女士的选择。在此，提供一份餐厅针对不同客人菜品推销的方案，仅供读者参考。

【范例 4-06】

××餐厅不同客人菜品推销

一、按年龄销售

（一）儿童

现在很多家庭都只有一个孩子，只有满足了孩子，全家才会皆大欢喜。作为服务员，千万不可忽视为儿童客人的服务，因为其成功的消费经历可能为服务员带来更多的潜在客人。服务员在为儿童设计和推荐菜品时，要注意以下几个方面的因素：

（1）菜肴色泽要鲜艳，质感鲜嫩易消化，口味清淡无刺激，甜酸适宜。

（2）菜品属营养丰富、易消化的滋补类。

（3）原料的形状要小，便于儿童食用，且刀工精细。

（4）菜肴的烹调方法尽量以使用爆炒、汤爆、软熘、清炖、水煮、清炸、蜜汁、挂霜等方法为宜。

为儿童推荐的菜式，比如“韭黄炒鱼子”“绿豆芽炒鲩鱼丝”“胡萝卜西红柿鸡蛋汤”“虾仁扒大白菜”“鱼片菠菜汤”“黄瓜炒鸡肝”“萝卜瘦肉汤”“蔬白炒虾米”“大骨炖萝卜”，均可助消化、补脑益智、营养丰富，有利于儿童的生长发育。

（二）青年

青年消费者的特征是，身体处于最佳生长时期，身体健壮、精力充沛、追求时尚，喜欢创新的前卫菜式。服务员在为青年消费者设计菜品时，可就以下几个方面着手进行。

（1）体现西方饮食文化的时尚潮流菜式，备受青年白领的喜爱。

（2）年轻人追求的是吃得“酷”，奇特食材，如昆虫、花类、海水蔬菜、山野菜、绿色环保蔬菜，也备受年轻人的喜爱。

（3）菜品要天天出新，以便满足年轻人求新、求异、求时尚的需求。

适宜为青年人推荐的菜式包括“油炸蚕蛹”“核桃全蝎”“野生菌汤”“川味菜水煮鱼”等。

（三）中老年人

生活节奏的加快，日常营养的丰富，使许多中年人身体器官提前老化，很多中老年人大腹便便。服务员在为这部分客人设计和推荐菜单时要注意以下事项。

（1）多选一些富含优质蛋白的鱼类，多补钙。

（2）多食新鲜蔬菜和豆制品，减少热能的源头——脂肪、糖类，多推荐低脂的蛋白质的菜品。

（3）菜肴的烹调方法为炖、清蒸、煨制等，这样有利于补充体内缺少的营养素，排出体内多余的垃圾。

适于为中老年人推荐的菜式包括：滋补类菜式，如“鲫鱼炖豆腐”“肉丝炒时蔬”“盐水排骨”“白萝卜炖肉”等；降脂排毒的菜式，“黑木耳炒白菜”“清炒丝瓜”“黄花菜炒肉丝”；家常的菜式，“韭菜炒肉丝”“清炒蕨菜”“苦菜烧肉片”“魔芋豆腐”“香椿炒竹笋”等。

二、按性别销售

（一）女士注重养颜美容

爱美女士最担心的是容颜的衰老，尤其是在商界打拼的白领女士。所以，服务员在为此类客人推荐菜品时，应多考虑防止脸部皮肤老化、滋润皮肤的食材组成的菜品。比如，“草菇炒笋片”“红烧皮丝”“大葱烧蹄筋”“排骨墨鱼煲”“银耳鸽蛋汤”等。

另外，服务员平时自己就应对此类食材多加了解和掌握，以便在点菜时能运用自如。有助于女士皮肤的滋补、除皱，调解血液的酸碱度，防止分泌过多的油脂的食材包括如下几类：

（1）牛奶。牛奶能改善细胞活性，增强皮肤弹性、张力，除去小皱纹，延缓皮肤衰老。

（2）肉皮。肉皮中含有丰富的胶原蛋白，能使细胞变得丰满，增加皮肤弹性，减少皱纹。

（3）海带。海带中含有丰富的矿物质钙、磷、铁及多种维生素，其中维生素B_1、维生素B_2含量丰富。常吃可调解血液中酸碱度，防止皮肤分泌过多的油脂。

（4）西兰花。西兰花富含维生素A、维生素C和胡萝卜素，能保持皮肤的弹性和抗损能力。

（5）三文鱼。三文鱼所含的脂肪酸有一种特殊的生物活性物质。这种物质能

随手札记

消除破坏皮肤胶原的保湿因子，防止皮肤粗糙和皱纹的产生。

（6）胡萝卜。胡萝卜富含胡萝卜素，能维持皮肤细胞的正常功能，保持皮肤润泽和细嫩。

（7）大豆。一般指黄豆，其中富含维生素E，能破坏自由基的化学活性，可抑制皮肤衰老，防止黑斑的出现。

（8）猕猴桃。猕猴桃富含维生素C，可干扰黑色素生成，有助于消除皮肤上的雀斑。

（9）西红柿。西红柿含有大量的维生素C和茄红素，有助于展平面部的皱纹，令肌肤光亮细嫩。常吃西红柿，能增强肌肤抗晒能力。

（10）蜂蜜。蜂蜜中含有大量氨基酸且易被人体吸收，含有多种维生素和糖，常食蜂蜜能使肌肤滑嫩、红润、有光泽。

（二）男士注重壮阳补肾

随着经济的不断发展，商业应酬往来的频繁，很多男士多在饮食上注重补肾疗痿、固精防遗、壮阳强身、头脑敏锐，以保自己在生意场上谈吐自如。所以，对于男性客人，服务员要根据所在餐厅的食材，为客人推荐壮阳补肾的菜品。比如补肾疗痿的菜式，“杜仲炒腰花”“枸杞子汁烩排骨”“韭菜炒羊肝”“虫草炖黄雀”“红烧牛鞭”等；壮阳强身的菜肴，“红烧海参”“麻油腰花”“红烧羊肉”“爆炒鳝鱼片”“椒盐泥鳅”等。

三、按体质销售

（一）体质虚弱者

通常，体质虚弱的客人一般胃的消化能力较差，服务员最好能为其提供一些好消化、易吸收、暖胃的菜品。比如，“清蒸鲈鱼”等。适宜用的食材有鹅肉、牛奶、蜂蜜、芝麻酱、银耳、核桃仁等，千万不能推荐冰爽刺身生吃之类的菜式。

（二）糖尿病人

糖尿病是因体内胰岛素不足而引起糖、脂肪及蛋白质代谢紊乱所致，表现出人体消瘦、多食、多饮、多尿。由于此病为燥热阴虚、津液不足，故当为此类客人选择以滋阴清热、补肾益精、少糖、低热能、多优质蛋白和富含无机盐及维生素的菜肴，以补充营养，减少胰岛素分泌的负担，如“山药莲子大枣炖羊肚”；另外，新鲜蔬菜，南瓜、冬瓜、豇豆、芹菜和猪脑、木耳、蘑菇类食材组合的菜式也比较适宜，如“蛋黄焗南瓜”“家常南瓜片”“瘦肉冬瓜汤”各类野生菌汤、“蘑菇扒芥蓝”“鸡蛋煎猪脑”等。

（三）“三高”客人

“三高”是指高血压、高血脂、高胆固醇的人群，这是典型的老年病症，服务员可为他们选择诸如“葱烧海参”“海蜇皮拌黄瓜”“香醋拌木耳”“煲海参粥”“煲莲子粥”之类的菜品。

对于此类客人，服务员在为其推荐菜品时，应注意以下几个方面：

（1）食材和菜肴应以疏通血管、稀释和降低血脂、降低胆固醇为目的。

（2）要选择适宜的食材，如燕麦、荞麦、麦麸、小麦、玉米、薏米、高粱米、绿豆等富含植物蛋白和粗纤维的杂粮。

（3）选择新鲜蔬菜，如油菜、芹菜、

苦瓜、黄瓜、茼蒿、芋头、土豆、红薯、西红柿等；海鲜品应选择海参、海带、海蜇、海藻类；干果类应选择菱角、花生、莲子、向日葵；适宜的水果包括山楂、柿子、香蕉、西瓜、桃子等；此外，鸭蛋、黑木耳、黑芝麻等也比较适宜推荐。

（4）菜式要少盐，口味清淡；油脂少，便于消化吸收，利于降低血压、血脂和胆固醇。

(4) 同时兼顾餐厅利益，注意高贡献率的菜品会令客人觉得不实惠。

(5) 订单低贡献率的菜品，餐厅将盈利甚微。如果看到客人在点菜是犹豫不定，服务员可适时介绍，推荐高价菜品或高利润菜品。因为价格较高的菜肴，一般都是高利润的菜肴。一般来说，高价菜品和饮料，其毛利额较高，同时这些菜品和饮料的确质量好，有特色。

(6) 正确使用推销语言。服务员应具备良好的语言表达能力，要善于掌握客人的就餐心理，灵活、巧妙地使用推销语言，使客人产生良好的感受。服务用语要简洁、短小、精悍，同时又能吸引客人，将服务语言选择性语句，有助于餐饮的推销。在此，提供一份餐厅的赞美性销售与建议性销售方案，仅供读者参考。

【范例 4–07】

××餐厅赞美性销售与建议性销售方案

一、赞美性销售

服务员对客人消费的偏好要给予赞美和肯定，但措辞要适度，可赞美客人懂菜，赞美客人是美食家，赞美其风度和气质、品质修养，赞美其家人等。

（一）赞美客人懂菜

当客人很高兴并自信地点出自己喜爱的菜时，服务员可赞美客人有眼力。

（二）赞美客人的风度气质

遇到着装有品位、眼睛流露出自信的神态、说话有亲和力的客人，服务员要学

随手札记

会赞美客人是事业成功的人士，夸赞其风度气质不凡。

（三）赞美客人的品质修养

在面对销售服务中出现失误，非但不责备，而且还鼓励自己以此为鉴的客人时，要真诚地说："对不起，由于我的失误，给您带来了麻烦和不便。您不但不责备，还鼓励我继续努力，您的修养和品德令人敬仰，谢谢您的包容。"

（四）赞美客人的家人

赞美客人家人的技巧是赞美孩子的聪明、老人的慈祥、妻子的贤惠等。

（五）语言适度，不能虚假吹捧

如果没等客人开口点菜，就吹捧说"一看您就是美食家"，会使客人感到"太假"而不知所措。

通过赞美，应该使客人产生愉悦和自豪感，从而对服务员的销售工作更好地给予协助和支持，以此对服务员产生更深的信赖。

二、建议性销售

建议性销售要把握好建议的销售时机，体现专业水平，把握好建议性销售的尺度。

（一）体现专业水平

当客人既要自己点菜，又有求于服务员时，服务员要展示自己的专业水平，做补充性的建议和推荐。在赢得信任的基础上选择客人最喜欢的菜品，满足其消费需求。

（二）把握好建议性的销售时机

例如，看到李经理又请了好多朋友来餐厅就餐，服务员小秦很有礼貌地问候之后诚恳地建议说："李经理，您是我们的常客，今晚介绍两道新菜给您和您的朋友，好吗?"用商量和征询的语调向客人推荐，抓住了新朋友初来就餐的时机，使客人倍感亲切。

（三）把握好客人接受建议性销售的尺度

一般消费高的客人强调的是菜品原料的质量新鲜与否，消费低的客人更喜欢仔细地询问菜的价格和菜量的多少。

当客人点了"鲍汁扣阿一鲍"或点了一瓶茅台酒（又强调必须保真时），服务员应该看明白客人请客的档次不会低，而且是高档的宴请，在组合菜品时，价格上要高、中、低档兼顾，既美味又能达到膳食平衡、营养互补。

九、服务成本控制

楼面是直接为客人提供服务，其实在服务环节也会涉及成本的控制。因此，楼面经理要加强在服务环节的成本控制。

（一）服务不当情况

服务不当会引起菜品成本的增加，主要表现为：

（1）服务员在填写菜单时没有重复核实客人所点菜品，以至于上菜时客人说没有点此菜。

（2）服务员偷吃菜品而造成数量不足，引起客人投诉。

（3）服务员在传菜或上菜时打翻菜

特别提示：

加强对服务人员职业道德教育并进行经常性业务技术培训，端正服务态度，树立良好服务意识，提高服务技能，并严格按规程为客人服务，不出或少出差错，尽量降低菜品成本。

盘、汤盆。

（4）传菜差错。如传菜员将2号桌客人所点菜品错上至1号桌，而1号桌客人又没说明。

（二）准确填写菜单

1．常见菜肴单位计量

中餐菜肴的计量单位，因客人人数、需要菜品的分量及盛装器皿的不同而有所不同。高档名贵海珍品有的按份、有的按例。菜品不同，规格不同，分量也不同，因此计量单位各不相同。海鲜和肉类，一般用斤和两作计量单位，现在一般按国际统一计量单位千克或克来作计量单位。

菜肴的分量除可用大、中、小例表示之外，也可用阿拉伯数字来注明。不过无论用哪种单位计量都要注明该单位盛装菜品的净样数量，以达到买卖投料量透明，便于客人监督。

2．记人菜单码数

菜的配份按码盘数量一般分为大、中、例（小）盘。一般炒时蔬的例盘量为4～8两，即200～400克。如净炒苦瓜为200克（1例盘）；荤素搭配，如肉片炒苦瓜，则需要用肉片100～150克，苦瓜为150～200克，合计量为300克左右。

以汤菜为例，1例盘汤的分量为6碗（小碗），供2～5位客人的用量。

随手札记

3．填写要求

（1）准备好笔和点菜夹，将带有号码的点菜单夹在点菜夹内，以备使用。

（2）填写点菜单时，对菜名的填写（如用手写）要求字迹工整、准确；自编系统代码要用大家习惯的代码。

（3）注明桌号（房间雅座）、菜名及菜的分量、规格大小，填写点菜时间和点菜员姓名及值台服务员姓名。如果是套菜，要在点菜单上注明桌数。

（4）标清楚计量单位。尤其对高档海鲜，计量单位是“两”，还是“斤”，一定要向客人介绍清楚。免得在结账时会出现点菜按“斤”，结账按“两”，出现10倍的价位差，使客人无法接受。

（5）标清菜肴器皿的规格、分量。

（6）下单的去向一定要写准。冷菜、热菜、点心、水果要分单填写，分部门下单。

（7）点菜单写菜的顺序要和上菜顺序记录一致。

（8）在点菜单上一定要注明个性需求和忌讳的内容。

（三）防止偷吃菜品

员工偷吃菜品，可以说是屡禁不止的现象，在许多餐厅都存在着。可是员工偷吃不仅不卫生，更影响餐厅形象。因此，必须杜绝这种现象，可以实行连环制。

例如发现一个员工偷吃，则告诉他：如果一个月内能逮住偷吃的人，那偷吃的事就算了；如果逮捕不住，这个月被人偷吃的所有费用全部由他来承担，还要继续这项“工作”三个月。这样就可以有效防止员工偷吃。

（四）避免打翻菜

服务员在传菜或上菜时打翻菜。这主要是由于员工操作失误所导致的，因此要尽量避免。服务员掌握上菜顺序，因为上菜顺序不当可能造成失误。

（五）尽量减少传菜差错

传菜部主要承接楼面与厨房、明档、出品部之间的一个重要环节，起到传菜，传递信息的用途，是餐厅不可缺少的环节。因此，要做好对传菜人员的培训，从而控制成本。

十、收款环节成本控制

（一）防止跑单

1．提前预防

餐厅里跑账的现象也时有发生，这就要求特别留意以下几种情况，以便及时防止跑账、漏账事件的发生：

（1）生客，特别是一个人就餐的客人，比较容易趁工作繁忙时，借口上厕所、餐厅里手机信号不好、到门口接人等趁机不结账溜掉。

（2）来了一桌人，但越吃人越少，也难免会有先撤下一部分，剩下一两个借机脱身的打算。

（3）对坐在餐厅门口的客人要多留个心眼。

（4）对快要用餐完毕的客人要多留心，哪怕是客人需要结账，也要有所准备。

（5）对于不问价钱，那样贵点哪样的客人，一定要引起足够的重视。

一般来说，公司即使是宴请重要的客人，也不可能全都点很贵的菜式，只要有一两样高档的、拿得出手的菜也就可以了，而且汤水和其他家常菜、冷盘也会占一定比例，这也是点菜的均衡艺术，更何况公司宴请也会有一定的限额，不可能任意胡吃海喝的。

2．发现客人逐个离场

当你发现客人在逐个离场时，要引起高度的重视，要做好以下工作要点：

（1）需要服务其他客人时，眼睛要不时注意客人的动态，及时向主管报告，请求主管抽调人手，派专人盯着剩余的人员。

（2）如果这时客人提出要上洗手间，要派同性的服务员护送、跟踪，如果客人提出到餐厅外接电话，则请客人先结账再出去。

（3）负责服务的人员和负责迎宾的服务员，要注意他们的言行和动作，发现可疑情况立刻报告，并派专人进行服务，直至客人结账。

（4）不要轻易相信客人留下的东西，如果有心跑单，会故意将好不值钱的包像宝贝一样的抱住，目的就是吸引服务员的注意，然后将包故意放在显眼的位置，让你以为他还会回来取，从而给他留有足够的离开时间。

3．发生客人没有付账即离开餐厅的情况处理

一旦发生客人没有付账即离开餐厅这种情况时，注意处理技巧，既不能使餐厅

随手札记

蒙受损失，又不能让客人丢面子而得罪了客人，使客人下不了台。出现客人不结账就离开餐厅这种情况时，服务员可按下述两条去做：

（1）马上追出去，并小声把情况说明，请客人补付餐费。

（2）如客人与朋友在一起，应请客人站到一边，再将情况说明，这样，可以使客人不至于在朋友面前丢面子而愿意合作。

（二）结账时确认客人房间号

在为包间客人结账时，包间服务员一定要陪同客人前往收银台或包间服务员代为客人结账。否则很容易出现错误，比如，弄错包间号或消费金额，给餐厅带来损失。

（三）采用单据控制现金收入

单据控制是餐厅有效控制现金的重要手段。单据控制最重要的注意“单单相扣，环环相连”。餐厅的现金收入主要包括现金、餐单、物品三个方面。这三者的关系，具体如图4-2所示。

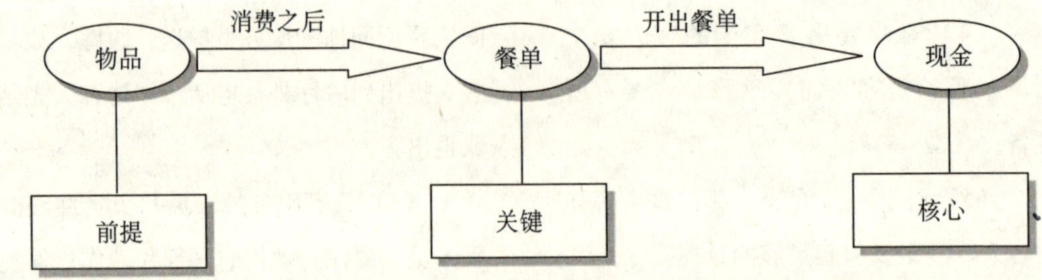

图4-2　现金、餐单、物品三者关系

通过图4-1可以看到，将餐厅的物品供客人消费，然后开出餐单，最后就收回现金。在这三者中，物品是前提，现金是核心，而餐单是关键。因此，餐厅要想管理和控制餐厅现金就须将物品传递线、餐单传递线、现金传递线协调统一起来。

（四）有效监管收银人员

1．现场巡视

（1）楼面经理要经常在收银台周围巡查。

（2）经常检查废纸篓的作废小票，对收银台遗留散货、杂物必须在规定时间内清理，确保机台无遗留有效商品条码、小票及其他单据等。

（3）对收银员在收银台放计算器，带涂改液或商品条码的行为立即纠正。

（4）每天查看后台的相关报表。

（5）定期盘点其营业款和备用金，并认真登记每次的盘点情况。

（6）监督收银员不得带私人钱钞进

入收银工作区。

2．备用金核查

（1）询问收银员备用金是否清点准确→清点备用金→填写“备用金情况抽查表”→请收银员签名确认。

（2）每天有选择地对备用金进行核查，收银员应积极配合。

（3）应填写“备用金情况抽查表”，并由收银员签字确认。

（4）核查备用金发现异常情况时，应交由上级领导处理。

3．收银机出现异常情况

收银机异常情况是指因网络故障或系统异常等原因，造成所有收银机能正常收银，需要采用手工收银的情况，对下述操作进行监察：

（1）监察收银员和抄写人员在第一单交易和最后一单交易注明收银员号和收银台号，每一笔交易的流水号，并在收银单上签名。

（2）监察收银机纸应整卷使用，不能拆散使用；如收银纸因故被撕断，则需在断口的上半部分和下半部分处补签名，注明收银台号、流水号。

（3）手工收银单第一联给客人作消费凭证，第二联留存供查账及补录入。

（4）如客人使用银行卡付款，收银员应在手工收银单上注明卡号及发卡银行。

十一、季度工作总结

楼面经理在每季度初，制订本季度工作计划，详情可参考本章第一节。到了季度末，就应该对本季度的工作进行总结。将计划中的事项与完成结果进行对比，看看哪些预定任务做得很好，哪些还没完成，找出原因，予以解决。在此，提供一份餐厅楼面经理季度总结报告，仅供参考。

随手札记

【范例 4-08】

××餐厅楼面部季度工作总结

时光如梭，转眼间已走过三个季度，回顾过去的几个季度，楼面部在总经理的正确指导下，其他部门的密切配合下，在部门全体员工的大力支持和努力下，大胆经营、勇于创新、锐意进取，定额完成了餐厅制定的各项经营任务，为实现餐厅领导“发展特色餐饮”这一战略目标打下了良好的基础。下面楼面部就第三季度主要工作总结、报告如下：

一、营业接待方面

在7～9三个月的接待中，楼面部首先不折不扣地完成上级下达的各项工作任务，营业指标也不断呈现出上升趋势。但在接待过程中，也存在部分问题，如：岗位与岗位之间沟通不及时，服务员灵活性不够等。

二、人员沟通方面

在7～9三个月的工作中，楼面部明确了领班的工作岗位与方向，同时授权给了基层领班。并每周进行一次沟通交流会，反映自身的欠缺与不足。部分领班在整体协调能力以及监督执行力上取到了很大的进步。

三、服务质量提升

在本季度对菜品进行了更新，使就餐的客人与日俱增。同时也不断加强对服务员进行培训，每日由领班进行跟踪服务质量。对与存在问题及时反馈并改正。

下一季度工作计划：

第四季度不仅是餐厅深化利润目标经营管理的最后一个季度，更是楼面部为下一年工作打好基础，再上新台阶的一个季度。第四季度，楼面部将以前三季度大好经营形势为基础，以圣诞节、春节等促销活动及搞好大宴旺季的接待和服务为契机，以持续稳定、提高用餐和消费档次为重点，以狠抓“两个质量”（产品与服务质量），强化两个意识（竞争意识与危机意识）为中心，以稳定员工队伍为前提，转变工作作风，齐心协力，努力拼搏，力争在利润目标经营管理的第四个季度实现餐饮创收双赢，重点从以下几方面着手开展工作：

（1）全力以赴完成黄金月的婚宴接待工作。

（2）着力抓好冬季暖经营举措的落实与效果的督导，与厨房做好沟通衔接工作。确保效益和口碑双丰收。

（3）与销售部做好与圣诞、春节促销方案系列工作的安排，确保春节期间的人员接待工作能保持稳定，安全无事故。

（4）严抓服务质量关，尤其细节服务的提升。确保年底各项接待任务的完成。

（5）卫生方面，加强日常卫生监督，实行每日每餐结束后进行卫生检查。

（6）在工作中继续做好基层管理人员的引导与带动，使楼面部工作开展得有声有色。

（7）第四季度也将是部门新老员工交替的一个季度，也是员工队伍容易出现波动的一个季度，为此，我们将会不断地组织一些有意义的部门活动，合理地安排好外地员工的回家探亲事宜，来加深员工间的相互了解，提高整体凝聚力，从而缓解员工的工作压力，更好地为年底的接待做出有力保障。

（8）利用年底各项接待活动结束后的经营淡季，对存在的问题进行认真梳理，并有针对性地实施培训和整改，确保年后的工作再上新台阶。

总之，我坚信，在总经理的正确指导下，在其他部门的大力支持、协助下，在部门全体员工齐心协力，努力拼搏下，我们将协同第四季度的目标奋斗！

随手札记

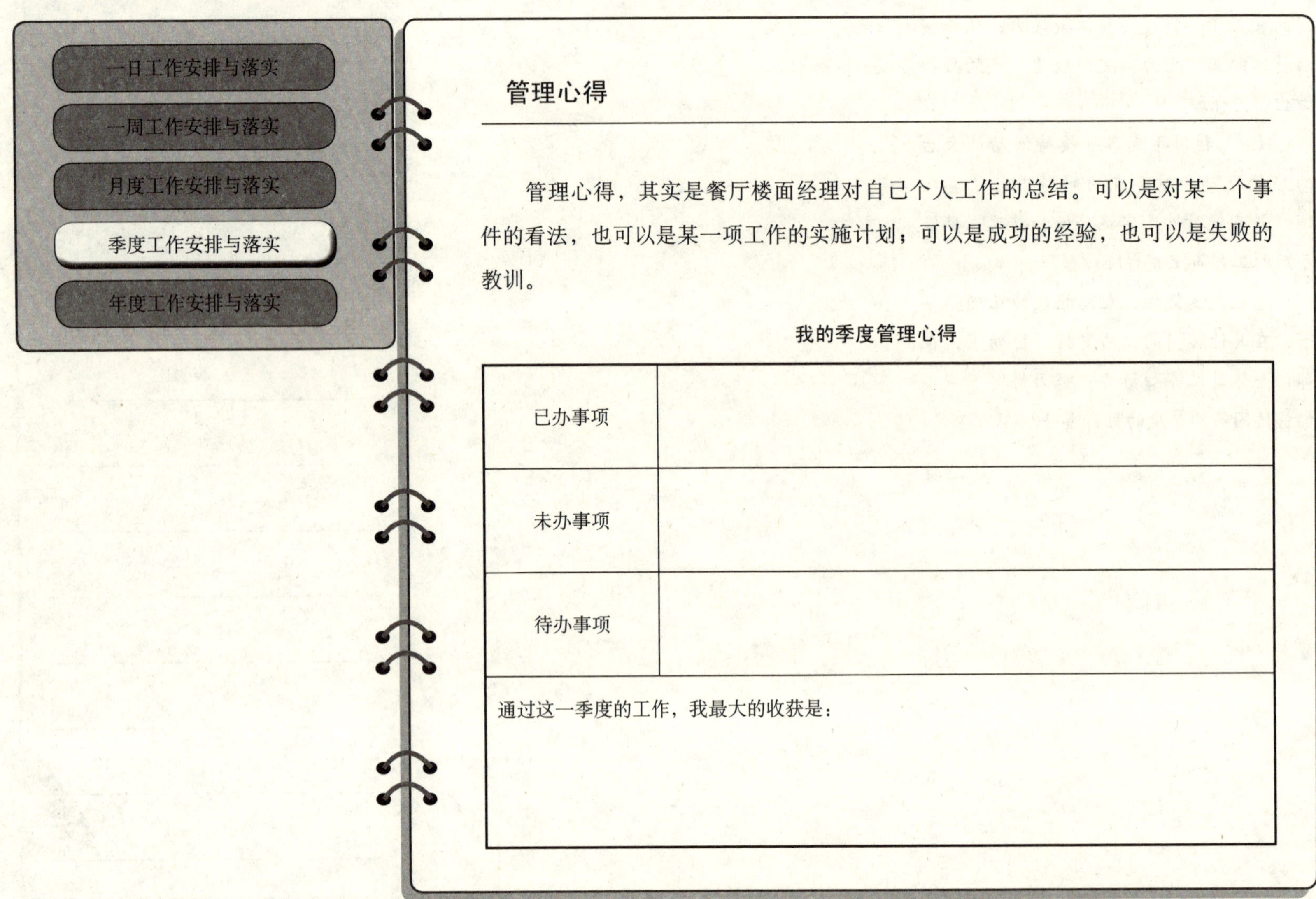

管理心得

管理心得，其实是餐厅楼面经理对自己个人工作的总结。可以是对某一个事件的看法，也可以是某一项工作的实施计划；可以是成功的经验，也可以是失败的教训。

我的季度管理心得

已办事项	
未办事项	
待办事项	
通过这一季度的工作，我最大的收获是：	

第五章

如何安排与落实年度工作

年终又到了，楼面经理又要开始对本年度餐饮部工作进行总结，同时要制订下一年度计划，实行年终部门大检查……

这个时候可以说是餐饮店楼面经理忙得团团转的时候。

其实，你也可以不用让自己显得如此忙碌，怎么办？

提前将年终各项工作做好安排，就可以让每件事情按照计划进行。当然，预留一定的时间来应对突发事件，可以让你在年终更好地完成各项工作。

一、年度工作总结与下一年计划

年终总结包括楼面经理个人和部门两种，这里讲的年终总结就是部门总结。当然，无论是哪一种，楼面经理都不能忽视。

年终总结到底如何写才能引起领导的关注和重视，并能更好地指导来年的工作呢？这就是楼面经理必须考虑的问题。

如果做到文、数、表、图综合运用，甚至是多媒体的演示，将要表达的核心思想准确、清晰、生动地呈现出来，会更能得到领导认可。当然，考虑到不同领导的风格偏好，也可以在形式与内容方面有不同侧重。

当然，所有的形式都要为内容服务，要想全面系统地做好年终总结，一般来说，可按照以下几个方面来组织内容：

（1）工作业绩。包括楼面部所取得的成绩。

（2）部门和团队建设。包括楼面部的制度建设，部门工作能力的提高、工作士气的提高、团队协作的改善等。

（3）跨部门合作。要把楼面部和餐厅其他部门之间的合作情况反映出来。

（4）希望解决的问题。提出问题并提供相应的解决对策。对于实在是没办法解决的问题，必须明确提出解决问题需要的资源和支持。

（5）下一年度工作计划概述。

在此，提供一份餐厅楼面部对年度经营的总结，仅供读者参考。

【范例5-01】

××餐厅年度工作总结

转眼间再次入职餐厅工作已两个月多了，根据餐厅经理的工作安排，主要负责餐厅楼面的日常运作和部门的培训工作，现将2013年度工作情况做总结汇报，并就2014年的工作打算作简要概述。

一、楼面现场管理

1. 礼节礼貌要求每天例会反复练习，员工见到客人要礼貌用语，特别是区域服务人员要求做到一呼便应，要求把礼节礼貌应用到工作中的每一点滴，员工之间相互监督，共同进步。

2. 班前坚持对仪容仪表的检查，仪容仪表不合格者要求整理合格后方可上岗，岗上发现仪容问题立即指正，监督对客礼仪礼貌的运用，员工养成一种良好的态度。

3. 严抓定岗定位和服务意识，提高服务效率，针对服务人员在用餐高峰期的时候进行合理的调配，以领班为中心随时支援忙档的区域，其他人员各负其责，明确各自的工作内容，进行分工合作。

4. 提倡效率服务，要求员工只要有客人需要服务的立即进行为客人服务。

5. 物品管理从大件物品到小件物品，不管是客损或者自然损坏，凡事都要求做到有章可循、有据可查、有人执行、有人监督、跟单到人、有所总结。

6. 卫生管理公共区域，要求保洁人员看到有异物或者脏物必须马上清洁。各区域的卫生要求沙发表面、四周及餐桌、地面、无尘无水渍、摆放整齐、无倾斜。

7. 用餐时段由于客人到店比较集中，往往会出现客人排队的现象，客人会表现出不耐烦。这时就需要领班人员做好接待高峰前的接待准备，以减少客人等候时间，同时也应注意桌位，确保无误。做好解释工作，缩短等候时间，认真接待好每一桌客人，做到忙而不乱。

9. 建立餐厅案例收集制度，减少顾客投诉几率，收集餐厅顾客对服务质量、品质等方面的投诉，作为改善日常管理及服务提供重要依据，餐厅所有人员对收集的案例进行分析总结，针对问题拿出解决方案，使日常服务更具针对性，减少了顾客的投诉概率。

二、员工日常管理

1. 新员工作为餐厅人员的重要组成部分，能否快速地融入团队、调整好转型心态将直接影响服务质量及团队建设。根据新员工特点及入职情况，开展专题培训。目的是调整新员工的心态，正视角色转化，认识餐饮行业特点。使新员工在心理上做好充分的思想准备，缓解了因角色转变的不适应而造成的不满情绪，加快了融入餐饮团队的步伐。

2. 注重员工的成长，时刻关注员工的心态，要求保持良好的工作状态，不定期组织员工进行学习，并以对员工进行考核，检查培训效果，发现不足之处及时弥补，并对培训计划加以改进，每月定期找员工谈心做思想工作，了解他们近期的工作情况从中发现问题解决问题。

3. 结合工作实际加强培训，目的是为了提高工作效率，使管理更加规范有效。并结合日常餐厅案例分析的形式进行剖析，使员工对日常服务有了全新的认识和理解，在日常服务意识上形成了一致。

三、工作中存在不足

1. 在工作的过程中不够细节化，工作安排不合理，工作较多的情况下，主次不是很分明。

2. 部门之间欠缺沟通，常常是出了事以后才发现问题的存在。

随手札记

3. 培训过程中互动环节不多，减少了生气和活力。

四、2014年工作计划

1. 做好内部人员管理，在管理上做到制度严明，分工明确。

2. 在现有的例会基础上进一步深化例会的内容，提升研讨的深度和广度，把服务质量研讨会建设成为所有服务人员的沟通平台，相互学习，相互借鉴，分享服务经验，激发思想。

3. 将在现有服务水准的基础上对服务进行创新提升，主抓服务细节和人性化服务，提高服务人员的入职资格，提升服务人员的薪酬考核待遇标准，加强日常服务，树立优质服务窗口，制造服务亮点，在品牌的基础上再创新的服务品牌。

4. 加大力度对会员客户的维护。

五、对餐厅整体管理经营的策划

1. 严格管理制度、用工培训制度，划分明确岗位考核等级，增强员工竞争意识，提高个人素质及工作效率。

2. 增强员工效益意识，加强成本控制，节约费用开支。培训员工养成良好的节约习惯，合理用水用电等，发现浪费现象，及时制止并严格执行相关处罚制度。

3. 加强部门之间协调关系。

4. 重食品安全卫生，抓好各项安全管理。

5. 开展多渠道宣传，促销活动并与周边各公司相互合作，增加会员率。

以上是我个人2013年年度工作总结，俗话说："点点滴滴，造就不凡"，在以后的工作中，不管餐厅工作是枯燥的还是多彩多姿的，我都要不断积累经验，与各位领导及同事一起共同努力，勤奋的工作，刻苦的学习，努力提高文化素质和各种工作技能，为了餐厅的发展做出最大的贡献。

二、制订年度工作计划

（1）每年年末时，楼面经理除了要对一年的工作进行总结，还要做好来年的工作计划及经营预测。在此，提供一份餐厅楼面部的年度工作计划，仅供读者参考。

【范例 5–02】

×× 餐厅年度工作计划

××××年楼面部主要工作重点仍然围绕在如何创收上，因此如何提高餐饮收入，保证××××年顺利完成经营任务是楼面部明年工作的重点。

回顾本年度年楼面部全年工作情况和营业收入，在充分分析自身经营的优缺点后，根据今年餐饮日常经营过程中出现的问题和经验，及时调整工作思路，提前应对明年可能出现的市场变化，并详细制订明年部门主要工作计划，保证顺利完成营收任务，提高餐厅整体的对客服务质量，降低各项费用成本，最大限度保证和提高餐饮收入纯利润。

（一）扩大经营，保证楼面部整体收入

××××年楼面部整体营业收入预算总额为：人民币2500万元，可以说经营压力还是很大的，这就要求我们在明年的工作中努力开拓餐饮市场占有率，积极开发新客户，提高和扩大营收是楼面部明年的工作重点。

利用农历新春，推出多款别具特色的新春年夜饭，利用一年一度的吉庆佳节有效提高餐厅年夜饭预订量，保证餐厅整体收入。同时，有效开展××××年中秋月饼销售推广工作，保证××××年中秋月饼销售工作的顺利进行，提高餐厅整体月饼销售收入。全面开展和筹备××××年圣诞晚会活动策划，保证完成圣诞节销售工作，提高餐厅整体收入。

为确保年度顺利完成各项经济指标，要求宴会销售部全面整理并汇总日常销售工作重点和销售卖点，积极开展销售工作，及时回访和拜访新老客户，加强大中型会议、培训会等活动的促销力度，保证会议包餐数量，加强高档宴请活动服务质量。

（二）调整出品质量，不断推陈出新

为保证各种形式会议餐品质量，楼面部着手整理出高、中、低档会议餐菜单，以满足各种形式会议餐客户需求，因此，客人的用餐菜品质量和食品安全就显得尤为重要，保证日常对客服务过程中菜品质量和食品安全。

（三）提高服务质量，保证客人满意度

根据各区域工作特点，制订相应的培训方案，要求员工在培训过程中进行角色互换，充分考验对方在服务过程中出现的漏洞和不足，加强服务员之间相互沟通和交流的能力。

（四）加强安全生产管理力度

为加强食品卫生管理和食品制作过程中的监管力度，同时重视安全消防隐患排查工作，要求各部门将安全生产放在经营首位。良好的食品安全和消防安全才是餐饮经营的保障和基础。按照安全生产标准和要求，要求楼面部从业人员必须掌握食品的卫生基本要求。定期以《中华人民共和国食品卫生法》及其配套规定为基础对员工进行业务知识培训。强调餐饮人员食品卫生操作规定，遵循食材储藏原则，确保食品卫生安全。

同时严格贯彻消防工作指示，根据餐

随手札记

饮区域消防工作特点，督促并检查各区域消防工作。督促各区域设立防火负责人，落实各项防火责任制，组织防火检查，消除安全隐患，改善消防安全条件，完善消防设施，贯彻执行消防法规，保障餐饮区域消防安全符合规定。

（五）开展节能减耗，倡导开源节流

成本节约是企业发展的基础，因此我们要将成本节约融入到日常工作中，避免资源浪费的现象发生，最大限度节约餐饮的各项能源、资源使用量，控制人员成本，提高餐饮经营利润，严格控制各项成本费用，最大限度节约成本，实现利润最大化。

（六）××××年楼面部经营展望

××××年对楼面部全体员工来讲是充满挑战的一年，面对周边市场环境带来的压力，我们将最大限度发挥自身主观能动性，努力提高工作积极性，更加有效地开展楼面部各项工作，化危为机、把握市场时机，在餐厅领导的正确指导下，战胜困难，发挥自身经营中的最大潜能，扎实地投身到各项工作去，为完成餐厅赋予的各项工作任务作出最大的努力。

同时积极开拓餐饮客源市场，扩大客源结构，保证餐饮整体营业收入。尽管各种客观经济环境给我们的日常经营工作带来了很大的压力和挑战，但我坚信，只要我们团结一致、齐心协力地共同面对一切困难，最终一定能够顺利完成营收任务。

（2）除了概述全年的工作计划，楼面经理还应对每个月的重点工作作出详细安排，以便合理安排时间。可参考本书第三章中关于月度重点工作的安排。

三、编制年度培训计划

培训工作是楼面经理一项重要工作，楼面经理要在年底编制楼面部年度培训计划，根据培训计划完成培训工作。当然，有的培训工作需要人力资源部配合，才能更好地完成。在此提供两份餐厅楼面经理制订的员工培训计划，仅供读者参考。

【范例 5-03】

××餐厅楼面部年度培训计划

月份	培训内容	备注
1月	员工手册及企业文化知识培训、部门规章制度，全员开展企业文化及规章制度培训，只有对规章制度认真了解了才能更好地开展工作。主要培训对象是宴会厅的服务员，同时也要对餐厅其他员工进行培训	
2月	培训服务员服务知识和操作技能，以及厨房员工道德品质、个人素质的培训，只有服务做好了，才能留住更多客户，只要个人素质得到提升，个人的技能服务等都会得到提升	

（续表）

月份	培训内容	备注
3月	重点培训宴会服务流程	
4月	对菜品酒水方面销售以及厨房刀工技能培训，为了更好创造销售业务水平，员工必须熟知本店的产品，这样才能更加自信地做好销售工作，一道菜的出品不仅味道好，还要色、香、味俱全，所以厨房主要对刀工进行培训，保证菜肴的出品，留住更多的客人	
5月	为了更好地处理客户投诉，及时培训员工处理客户投诉的方法和技巧	
6月	酒水知识，关于干红、干白及黄酒的认识，让服务员更加自信推销	
7月	专门给员工开展餐厅服务英语培训，作为兴趣爱好让大家分享，即对工作有帮助也丰富了业余时间	
8月	员工仪容仪表、礼貌用语的培训，大大提升了员工的个人修养素质	
9月	对传菜员进行关于菜式、配酱汁、作料等及托盘的培训，让员工有更扎实的基础	
10月	主要技能实操的练习，如摆台、斟酒练习等，提高员工基本功	
11月	对员工开展沟通技能培训	
12月	主要做好安全培训工作等	

随手札记

【范例 5–04】

××餐厅楼面部年度培训计划

时间	培训内容	培训要点	形式	参培人员	主讲人
1月	安全常识	（1）防火防电　（2）食品卫生安全 （3）操作中安全隐患	讲座	部门全体人员	马××
2月	管理制度	（1）餐厅管理条例　（2）本部门制度	讲座	部门全体人员	马××
3月	职业道德与素养	（1）培养敬业精神　（2）遵守职业道德及规章制度	讲座	部门全体人员	章××
4月	礼节礼貌 仪容仪表	（1）礼节礼貌规范　（2）仪容仪表标准	讲座	部门全体人员	章××
5月	旅游常识	（1）本市各景点　（2）如何为客人解答相关疑问	讲座	部门全体人员	李××
6月	接待服务程序	（1）迎宾服务标准　（2）宴会接待前准备工作	讲座、实操	部门全体人员	李××
7月	服务程序	（1）零点服务　（2）宴会服务	讲座	部门全体人员	王××
8月	服务技能	（1）摆台服务　（2）托盘　（3）餐巾折花	讲座、实操	部门全体人员	王××
9月	VIP（贵宾）接待	（1）服务流程　（2）程序与标准　（3）注意事项	讲座、实操	部门全体人员	马××
10月	销售培训	（1）菜品、酒水知识　（2）推销技巧	讲座、实操	部门全体人员	李××
11月	模拟服务流程	（1）服务流程　（2）操作的标准化 （3）互相观摩评比	实操	部门全体人员	李××
12月	技能比武	（1）楼面摆台　（2）后厨菜品	实操	部门全体人员	章××

四、建立对客服务质量标准

楼面经理要保证楼面部对客服务质量，必须建立对客服务质量标准。因为楼面部对客服务质量高低直接影响客人的满意度。

（一）建立部门服务质量标准

楼面经理要根据餐厅的具体情况，制定具有针对性的标准。在此，提供一份某餐厅楼面服务质量标准，仅供读者参考。

【范例 5-05】

××餐厅餐厅服务质量标准

1. 目的

为了能够体现餐厅自身的特色，营造良好的就餐环境，从而增加餐厅收入，特制定本服务标准。

2. 适用范围

适用于餐厅所有员工。

3. 内容

3.1 餐厅设领位、服务、传菜岗，并保证有岗、有人、有服务，服务规范，程序完善。

3.2 上岗的服务人员要做到仪容端正，仪表整洁，符合员工手册要求。

3.3 开好营业前的班前会，做好上岗前检查，明确分工，了解当班的宴会、冷餐会、会议及日常营业情况。

3.4 用英语接待、服务外宾，做好菜点、酒水的推销和介绍。

3.5 各式中餐宴会、散餐铺台按各式铺台规范，台椅横竖对齐或成图案形。铺台前要洗净双手，避免污染餐具。

3.6 中西餐菜单、酒单外形美观，质地优良，印刷清晰，中英文对照，干净无污渍；菜单、酒单上的品种95%～98%能保证供应。

3.7 严格执行使用托盘服务，保持托盘无油腻。

3.8 严格执行报菜名制度，上每一道菜都要向客人报菜名。

3.9 为点菜客人倒第一杯酒，餐间服务要按工作流程及质量标准做好斟酒、分菜、换盘等服务。

3.10 客人就餐过程中，坚持三勤服务，即“嘴勤、手勤、眼勤”，及时提供服务。

3.11 按中西不同餐式的上菜顺序出菜，传菜无差错。

3.12 第一道菜出菜距点菜时间不超过15分钟。

3.13 桌上烟灰缸内的烟头不超过3个，换烟灰缸按操作流程规定更换。

3.14 设立无烟区，桌上有标志。

3.15 上菜、上汤、上饭时手指不触及食物，汤水不外溢。

3.16 收银用收银夹，请客人核对账单，收款后向客人道谢。

3.17 客人用餐结束，主动征求意见，送行道谢，欢迎再次光临。

3.18 餐厅内设客人意见征求表，并对填写过的征求表及时收回。

3.19 保持餐厅走廊过道、存衣处等公共场所的干净整洁、无浮尘、无污渍。

3.20 保持清洁卫生，门窗光亮，地毯、地板、墙面、天花板无积灰、无四害、无蜘蛛网。

3.21 保持花木盆景的清洁，无垃圾、烟蒂，无枯叶。

3.22 保持餐厅内各种艺术挂件完好，挂放端正，无浮尘、无污迹。

3.23 保持餐桌、椅子、工作台、转盘的清洁；工作台内物品分类、摆放整齐。

3.24 保持餐具、水杯、酒杯的清洁完好，所有餐具、水杯、酒杯必须严格消毒，无手纹、无水渍、无缺口、无裂痕。

3.25 保持调味器皿的清洁完好，无脏渍、无缺口，若内装有调料需保证调料不变质、不发霉。

（二）建立员工操作标准

楼面经理应要求部门员工按照以上相对应服务标准进行对客服务。不过以上标准很广泛，为了使部门员工在具体对客服务时做得更好，楼面经理应当对具体的操作行为制定相应标准，如斟酒、上菜等。在此，提供几份餐厅对餐厅服务员的操作标准，仅供读者参考。

【范例 5-06】

××餐厅零点摆台操作标准

操作程序	操作标准
铺台布	（1）认真细致地检查台布，如有污垢、破损及皱褶等要立即更换 （2）手持台布站立于餐桌一侧（通常是副主人处），距桌边约40厘米，将台布抖开，覆盖在桌面上 （3）抖台布时力度及幅度都不可太大，动作要娴熟、干净利落、一次到位，做到台布平整无皱褶 （4）铺好台布后再次检查台布质量及清洁程度
铺台裙	先将台布铺好，再沿顺时针方向用针、胶带固定台布，台布的折摺要均匀平整，用针时针尖要向内，防止对客人造成伤害
铺转盘	先将转盘和玻璃台面用双手放在转台上，轻轻转动，以检查其是否灵活
摆餐碟	摆在每位客人所对台面的正中，距桌边约2厘米
摆汤碗	摆在餐碟左侧稍上一些，与餐碟间距1厘米
摆筷架、筷子	筷架摆在餐碟右侧，与汤碗成一条直线，与餐碟间距1厘米，筷子尾部距桌边约1厘米
摆汤勺	将汤勺摆在汤碗内，勺把朝右
摆水杯	将水杯摆在餐碟上方，它们的间距约为1厘米
摆餐巾	将杯花插入杯中，盘花置于餐碟上
摆烟灰缸、牙签盅、打火机及花瓶	将烟灰缸、牙签盅、调料架、打火机及花瓶摆在台面的固定位置上，多数餐厅都摆在台布中线附近
摆公用筷架	八人以上的台面应摆放公用筷架，供主人为客人布菜和其他人取菜用。公筷、公勺放在公用筷架上，将筷架摆在个人用餐具的上方或转台上

【范例 5-07】

××餐厅点菜服务操作标准

操作程序	操作标准
递上菜单	将菜单打开第一页，按照“女士优先”的原则，用双手从客人右侧将菜单送至客人手中，然后站在客人斜后方，也就是能观察到客人脸部表情的地方，上身微躬等待客人点菜
推荐介绍菜品	（1）在客人点菜前，点菜员应留有时间让客人翻看菜单 （2）在客人翻看菜单时，应及时向客人简单介绍菜单上的菜，并回答客人询问 （3）向客人介绍厨师长推荐菜、今日特别推荐菜品、其他特色菜、畅销菜和高档菜等菜品，并介绍其样式、味道、温度和特色
接受点菜	（1）点菜员先在点菜单上记下日期、本人姓名及台号、就餐人数、餐别等 （2）客人点菜时，应注视客人，听清楚客人点的菜名、分量、烹调方式等，适时帮助客人选择菜品和主动推荐菜品，准确记录菜名 （3）对于特殊菜品，应介绍其特殊之处，并向客人问清所需火候、配料及调料等 （4）若客人用餐时间较紧，点的菜又用时较长，应及时向客人征求意见；若客人点相同的菜式，如汤、羹或者两个类似味型的菜时，应有礼貌地询问客人是否需要更换菜式 （5）若客人有特殊要求，应在点菜单上清楚写明，并告知厨房、划菜员、区域服务员等相关人员
复述点菜内容	（1）在客人点菜完毕后，应清楚地重复一遍客人所点菜品的内容，并请客人确认 （2）复述完毕后，在点菜单右上角写明下单的时间（当时时间），以便查询 （3）收回菜单并向客人致谢，同时请客人稍等，说明大致的等候时间
分送点菜单	点菜员将点菜单的第一联送到收银台，第二联和第三联送到厨房，第四联送给划菜员，将第五联送给区域服务员

随手札记

【范例 5-08】

××餐厅员工斟酒操作标准

操作步骤	具体操作
斟酒的姿势与位置	（1）斟酒时，应站在客人的右后侧，面向客人，不要贴靠客人，要掌握好距离，以方便斟倒为宜 （2）身体稍微前倾，右脚伸入两椅之间，将右臂伸出进行斟倒，不得左右开弓，探身对面，手臂横越客人的视线 （3）斟酒时，瓶口与杯沿应保持一定距离，以1～2厘米为宜，切不可将瓶口搁在杯沿上 （4）每斟完一杯酒，都应换一下位置，站到下一个客人的右侧
斟酒量	（1）中餐一律以八分满为宜，以示对客人的尊重 （2）若是红葡萄酒斟至杯的1／2处，白葡萄酒则斟至杯的2／3处就可以了 （3）香槟酒可以分两次进行斟倒，先斟至杯的1／3处，待泡沫平息后，再斟至杯的2／3处即可 （4）啤酒应倾杯壁斟，也可分两次进行，以不溢出泡沫为好，斟倒八分满为宜
斟酒顺序	（1）中餐用餐开始前10分钟左右，将烈性酒和葡萄酒斟好 （2）其顺序是：主宾→男主宾→女主宾→主人的顺序，按顺时针方向依次进行 （3）如果是两位服务员同时服务，则一位从主宾开始，另一位从副主宾开始，按顺时针方向依次进行
试酒	（1）开瓶后，服务员要先闻一下瓶塞的味道，以检查酒质 （2）如葡萄酒有醋味则说明已经变质，应马上更换 （3）用干净的餐巾擦一下瓶口，先向客人中的主人酒杯中斟少许酒，请主人尝一下 （4）等主人同意后，再按座位先女客、后男客的顺序给客人斟酒，最后给主人斟酒

五、编制全年假日促销方案

餐厅促销是要抓住各种机会甚至创造机会吸引客人，以增加销量，从而提升业绩。各种节假日是难得的促销时机，因此楼面经理要使节日的促销活动生动活泼，有创意，取得较好的促销效果。楼面经理可以根据全年假日分布情况，编制一份全年假日促销方案。在此，提供几份餐厅年度促销方案的范本，仅供读者参考。

【范例 5-09】

××中餐厅全年节日促销计划

月份	节日	促销计划
1	元旦节、除夕夜、春节	鱼翅推荐、新年套餐（1998、2688、3388）、（除夕夜送饺子）大盆菜特卖、煲仔系列、滋补靓汤
2	元宵节、情人节	鱼翅推荐、大盆菜特卖、春饼、煲仔系列（元宵节送汤圆）
3	妇女节、国际消费者日	鱼翅推荐、三八妇女节套餐
4	愚人节、复活节	极品鲍鱼推荐、夏季靓汤
5	劳动节、母亲节	极品鲍鱼推荐，劳动节、母亲节套餐（388、568、698），美食推荐
6	儿童节、端午节、父亲节	极品鲍鱼推荐，美食推荐，端午节（粽子飘香）、父亲节套餐
7	建党节	谢师宴（398、668、828）辽参推荐、××美食节、夏日冰凉甜品
8	建军节、七夕节	谢师宴（398、668、828）辽参推荐、××美食节、中秋月饼推荐
9	教师节、中秋节	辽参推荐、中秋月饼推荐、云南野生菌系列推荐、秋冬靓汤
10	国庆节	辽参推荐、阳澄湖大闸蟹特卖、黄酒推广、淮扬菜美食
11	感恩节	鲍燕翅推广、阳澄湖大闸蟹特卖、黄酒推广、淮扬菜美食、立冬饺子
12	平安夜、圣诞节	鲍燕翅推广、走进内蒙古烤羊系列、圣诞节

【范例 5–10】

××西餐厅全年促销活动方案

序号	节日	主题	时间	地点	优惠
1	新品上市优惠月	××新品上市，演绎传奇，创造感动	5~6月（五一节除外）	西餐厅	买三送一，超出人数享受8.5折优惠。活动期间，免15%服务费
2	儿童节	爱他（她）就带他（她）到××餐厅来，让他（她）享受健康美食	6月1日	西餐厅	当日买二送一
3	父亲节	感恩父亲节	6月17日	西餐厅	西餐厅买二送一，免15%服务费
4	端午节	××“粽”情重义，创造感动；“天籁之音，魅力互动”，来××有意外惊喜	6月23日	西餐厅	前30位预订的顾客有精美礼品相送；西餐厅买二送一，免15%服务费
5	教师节	时光如水，岁月如梭，给您心中的园丁送上节日的祝福	9月 7日~10日	西餐厅	西餐厅买二送一，免15%服务费，用餐客人将获赠精美贺卡
6	中秋节	花好月圆佳节夜，××与您共欢颜	9月30日	西餐厅	菜金8.5折优惠，每桌赠送餐后甜点——美味养生月饼，免15%服务费
7	重阳节	金秋送爽，丹桂飘香。重阳节带上长辈欢乐聚会，××餐厅与您分享美味	10月23日	西餐厅	西餐厅买二送一，免15%服务费
8	圣诞节	迈步走向锦绣前程	12月24日~25日	西餐厅	豪华席___元/位，免15%服务费；贵宾席元/位，免15%服务费

【范例 5-11】

××餐厅年度节假日促销策划方案

1. 消费者权益日

活动主题："为客人提供安全放心的食品"。

活动形式：请职能部门与媒体聚餐，软文报道，联络感情，正面宣传餐具消毒工序，服务操作卫生，食品安全操作。网络媒体进行软文报道，品牌以及口碑提升。

2. 清明节

活动主题："爱行天下"。

素食全宴（豆腐系列）、长寿面系列。

活动形式：短信群发、店内形象宣传。

3. 劳动节

活动主题：五一全家福套餐。5月1～3日活动期间，特推出"精品套餐、百姓价格"三款套餐：亲子3人套餐___元、快乐3人套餐____元、全家福套餐（10人量）____元。

活动形式：

（1）广告宣传：利用短信群发进行宣传，发布特价信息，提高人气。

（2）短信打折券；进店凭短信可以享受1杯饮料或者水果1份。

（3）现场抽奖：客人发送短信有机会获得价格优惠，或赠送特色菜品。

4. 母亲节

活动目的：主要借助"母亲节"这一事件，以"感恩"名义传播"母亲节"概念，借以母亲节这个活动氛围，充分渲染关爱老人、关注亲情企业形象，使"感恩母亲"深入目标消费者情感深处。

活动主题：真情交织亲情，感恩母亲！

5. 儿童节

活动主题：欢乐童年，精彩无限！

活动形式：

（1）活动期间，凡在儿童乐套餐者，均可获赠"欢乐童年，精彩无限"相关合作"购物1+1"提供优惠券。

（2）活动期间，凡在六一期间来店用餐者，均可免费获赠气球1个。

随手札记

6. 端午节

活动目的：为刺激亲情消费，提升知名度，调动各档次消费者潜力，增进顾客忠诚度、信任度。

活动形式：

（1）端午节特色套餐。推出特色套餐，旨在营造节日气氛，吸引消费者过节乐趣。

（2）整合资源促销。相关的配套促销，整合一切可以调用的资源进行促销，既可吸引消费者的目光，也可以提高收益。

7. 教师节

活动主题：感恩老师，十年寒窗望金榜，九载熬油忆师情。

活动形式：教师节当日教师凭教师证进店消费，可享受五折优惠。

8. 中秋国庆双节庆

活动主题："双节庆，幸运送大礼！"

活动形式：大型抽奖活动"快来拿走你的幸运喜"。将在活动期间陆续推出赠送餐饮优惠券、各大联盟商家提供优惠券、电影优惠券、特色小礼品等系列优惠促销活动。消费满____元送面额____元的等值月饼券一张。

9. 重阳节

活动主题：关爱老人，创造幸福，和谐美好，真情真意。

活动形式：滋补养身汤、健康食品展台。尊老活动周、福利院（公益性）联合其他商家共同开展。

10. 圣诞节

活动主题："圣诞，感受异国风采"。

活动形式：圣诞节、圣诞屋、圣诞展台，迎宾穿天使服。

11. 情人节

活动主题：爱与你同在盈"喜"客

活动形式：亲情瞬间，永恒纪念，设立"情人留言板"，供情侣在上面写上爱的挚言。

12. 元宵节

活动主题：盈"喜"客、缘来有礼！

活动形式：消费达200元赠送汤圆一袋，积分达到1000元兑换汤圆一袋。

六、编制假日促销方案

作为楼面经理，不仅要编制年度促销方案，同时也要负责编制每个假日的促销方案。在此，提供几份餐厅假日促销方案，仅供读者参考。

【范例 5–12】

××餐厅元旦促销活动方案

一、活动目的

为了让消费者体会到××餐厅独特的文化氛围，在经济利益增长的同时强化餐厅知名度，提升品牌影响力，特举办此次促销活动。

二、活动时间

12月31日至1月3日。

三、活动主题

"让我们把新年的钟声传遍四方，让我们把节日的祝福洒向人间。"

四、活动内容

（1）活动期间，顾客用餐消费满

×××元（以结算金额为准）即送××元代金券（代金券有效期为2月18日至3月17日）。

（2）在1月1日用餐的客人均可参加当天的幸运大抽奖活动，抽奖方式为以每桌为单位，把桌牌号统一放入抽奖箱，在12：30时，由总经理致辞并亲自抽出“新年幸运大使”及两名幸运奖。

（3）1月1日用餐的客人，以桌为单位均可获得精美礼品一份。

（4）1月1日在包间用餐的客人可填写幸运星档案，今后半年内在本餐厅消费时，凭此档案即可享受一次九折优惠（幸运星档案记录见附表）。

五、布置装饰

1. 环境布置

（1）在餐厅大门挂横幅，并用粉红色气球装扮。

（2）大厅制作一只卡通兔子模型，手托标牌。用气球与鲜花装扮大厅。

（3）开启喷泉，用气球装扮。

（4）为每个餐桌送上一张贺卡。

（5）电梯门口及楼梯扶手均用气球装饰。

2. 气氛布置

（1）餐厅所有员工在元旦当天均穿工作服并保持整洁。

（2）餐厅门口设迎宾两名，面带笑容地对进入餐厅的客人说：“新年快乐！”

（3）餐厅内播放新年喜庆音乐。

六、活动宣传

本次活动的宣传方式包括海报和横幅、宣传单、广播电台或报纸、餐厅外广告支架、电话、短信。

七、活动预算

（略）。

八、活动效果预测

通过本次促销活动，预测本月内餐厅的上座率将会有10%～30%的增长，因此餐厅各部门应做好协调及应急安全工作。

九、附表

幸运星档案记录表（略）

随手札记

【范例 5-13】

××餐厅春节促销活动方案

一、活动背景

（略）

二、推广目标

大幅提升节日期间营业额，营造店内欢乐节日气氛，全面提升××餐厅品牌形象。

三、活动主题

“新春派好礼，红运喜当头。”

四、活动时间

2月10～28日。

五、活动内容

（1）凡购买“新年鸿运套餐”，即可获得卡通玩具一个。

（2）凡一次性消费满××元即送“新年利是封”一个和新年限量版特惠券一张，凭特惠券即可以最低价劲享多款美食。

六、活动准备

首先要确保相关产品物料的库存量充足，其次要提前更换店面企业宣传品，最后根据活动流程对员工进行培训，重新设定收银系统，保证活动顺利进行。

七、主要促销用品

主要促销用品如下表所示。

促销用品清单

类别	数量	单价（元）	费用（元）	备注
吊旗	6个	10	60	
海报	2张	10	20	
利是封	500个	0.5	250	
卡通玩具	500个	3	1500	
特惠券	100张	0.5	50	

八、活动实施

（1）统一用主题吊旗、主题海报布置店面。

（2）保证导购促销活动不断持续，门店产品物料充足、备货及时、人员到位。

（3）确保餐厅全部员工了解活动具体内容，分配好个人任务，制订符合实际情况的促销任务计划。

（4）提前与各部门沟通活动具体细则，在每一项活动开始前一天布置好相关物品。

（5）安排专人用照相机或摄影机记录活动情况，留下资料用于日后的宣传工作。

【范例 5–14】

×× 餐厅五一节促销活动方案

一、活动目的

（1）提高××餐厅知名度，扩大××餐厅在××市的市场占有率。

（2）提升××餐厅产品形象，让消费者真正意识到"××餐厅的炸鸡是中国人自己的炸鸡"。

（3）确保年销售额比上一年增长10%，销售净利润比上一年增长5%。

二、活动主题

"快乐五一，活动多多！"

三、活动时间

5月1～3日。

四、活动对象

（1）小朋友。餐厅内设立了游乐园，并提供儿童套餐，小朋友在用餐时能更感亲切。

（2）上班族。外出就餐已成为上班族的生活习惯，××餐厅快速而美味的食品正成为附近上班族的午餐首选。

（3）商务人士。繁忙商务活动之余，商务人士可在××餐厅优雅舒适的环境及亲切的服务中享用美味可口的西式快餐。

五、活动内容

（1）活动期间，来本餐厅消费的小朋友（12岁以下）可获赠一个精美小熊玩具。

（2）情侣来本餐厅消费满××元送一朵玫瑰花。

（3）活动期间，一次性消费满××元者均可获赠"消费卡"一张，持该卡消费，均可享受8.8折优惠。

（4）活动期间，消费满××元均可获赠礼券一张，礼券每张抵××元人民币。

（5）活动期间举行抽奖活动，来本餐厅消费就有抽奖机会。

六、活动宣传

1. 宣传单

发单人员在××广场、××路等区域不定期发传单，并派有一名发单人员在餐厅前街道处进行宣传，吸引顾客到××餐厅消费。

随手札记

2. POP广告

在门店电子广告牌上以滚动形式宣传优惠活动。

3. 网站广告

××餐厅可以与广大网站开展互动合作，如人人网、拉手网、各高校论坛等。

4. 报刊广告

在××日报刊登广告。

七、时间安排表

五一促销活动的时间安排如下表所示。

五一促销活动安排

时间	活动安排
4月24日	与合作商洽谈
4月25日	活动文案设计和定稿
4月26日	制作宣传单、视觉形象广告
4月27日	设计宣传单版面并完成印刷
4月28日	派发传单，播放电子广告牌
4月29日	派发传单，播放电子广告牌，做好人员准备和物料准备（赠品、特价卖品、道具
4月30日	更新收银台信息系统，确保防火门、安全门、消火栓、消防器材等设备到位，在餐厅内外布置POP、海报、挂旗、气球等，做好产品、赠品、特价品的陈列等
5月1日	活动开始

【范例 5-15】

××餐厅儿童节促销活动方案

一、活动目的

进一步扩大××餐厅的影响力，增加餐厅营业额。

二、推广形式

（1）在儿童节当天中午、晚市来消费的儿童，均可获赠精美食品礼盒一份。

（2）儿童节促销时段，其他优惠不得同时使用。

（3）凡儿童节当天来用餐的儿童，还可获赠精美气球一只。

三、餐厅装饰

（1）餐厅店面贴一些卡通图片及“儿童节快乐”中英文美术招贴字。

（2）用各色气球布置餐厅，渲染节日气氛。

（3）布置礼品展台，对客人进行有针对性的促销。

（4）从五月下旬起每逢周六、周日，在西餐厅播放卡通音乐及电视片。

四、广告宣传

（1）宣传单由美工负责制作，该项工作应于5月16日前完成。

（2）报纸广告由促销部负责设计，5月29日在××都市报上刊登广告。

（3）海报由美工负责设计，并制作彩色喷绘图加KT板，张贴于大堂立柱正面，该项工作应于5月16日前完成。

五、促销分工

（略）

【范例 5-16】

××餐厅父亲节促销方案

一、活动目的

通过父亲节前期和当天的宣传，对用餐的顾客进行温馨提示并赠送礼品，给顾客提供其他的超值服务，以增加餐厅的营业额，提高顾客的回头率及对品牌的忠诚度。

通过情感促销（提供超值服务）不断提高餐厅在餐饮市场的占有率，确保始终领先于其他的竞争对手。

二、活动时间

父亲节当日。

三、活动地点

××餐厅。

四、活动内容

1. 父亲节当天来本餐厅用餐的顾客都可以免费给父亲打个电话（市话、国内长途），限时15分钟。

2. 父亲节当天来本餐厅用餐的顾客都可有机会免费拍照一张，并免费寄到本人父亲的手中。

3. 父亲节当天如有客人请本人父亲来本餐厅用餐，可享有如下优惠：免费合影一张；送影框一个；送纪念父亲节特制菜品1～3份；送礼品一份（领带等）；享受全单8.8折优惠。

4. 父亲节当天过生日的父亲，免费提供“父亲节家庭套餐”一份。

五、宣传与氛围营造

（一）广告宣传

平面媒体广告、电视广告、网络广

随手札记

告、高档楼宇广告。

（二）短信群发

短信内容：父亲节到了，××餐厅全体员工祝福您的父亲或身为父亲的您健康快乐！当天生日的父亲可享受免费家庭套餐！更多惊喜请致电咨询！

订餐电话：××××××××

（三）店内外布置

通过在店内外的不同位置布置各种广告（图片和文字），进行全方位立体化的宣传，营造出浓浓的“父亲节”文化氛围。具体工作布置如下。

1. 店外水牌

第一次提示顾客。

2. 店内广告和氛围营造

（1）展架3个。

（2）喷绘图片30张。

（3）特制父亲节菜单。

（4）免费父亲节家庭套餐。

（5）台面软文（从六一儿童节到父亲节）。

（6）背景音乐：《常回家看看》《父亲》等循环播放。

（7）员工问候语：“父亲节快乐！”等。

3. 现场互动

（1）送“父子（女）连心”菜品一份。祝福语：“祝愿天下父子父女都永远心连心、幸福快乐！”

（2）现场拍照。配音：“各位朋友，让我们在父亲节这个难忘的日子里留下这永恒的一瞬！”

（3）为现场的父亲和天下父亲敬上一杯祝福酒。祝酒词：“今天是父亲节，祝现场的父亲和远在家乡的父亲节日快乐、身体健康！”

（4）（祝酒词讲完之后）说：“各位朋友，我和我的助手一起为现场的父亲和客人献上一曲《父亲》，再次祝您和您的父亲节日快乐、身体健康！”（将氛围推向高潮）

六、注意事项

1. 宣传文稿的感情表达要贴切、准确、到位，太过则显得虚情假意，有所欠缺则无法与顾客产生情感共鸣，很难打动顾客。

2. 要就父亲节活动内容进行全员培训，确保全体员工达到熟知的地步。

3. 父亲节优惠活动不能与其他优惠活动同时进行。

4. 父亲节那天来本餐厅过生日的“父亲”必须提前预约。

5. 要保障父亲节特制菜品的原材料充足。

七、宣传文稿

（一）软文一篇

（略）

（二）广告宣传语

1. 我们与您有一个共同的愿望——祝父亲生活更快乐！身体更健康！

2. 父亲节，无论工作再忙也别忘了给父亲打个电话……

3. 父亲节，一定要抽出时间陪父亲吃顿饭啊！

4. 身为父亲的您别忘了自己的节日啊！

5. 每天都在忙碌地工作，偶尔闲暇时您是否还能记起父亲的节日？

6. 大家来这里留下您对父亲的祝福吧，哪怕只有一句话或几个字，相信父亲们都能收到我们从心中传递的那份深深的祝福。

7. 是否还能记起当初远行时父亲在拐角处始终不肯离去的身影。父亲节，记得给父亲一声问候啊！

8. 特制菜单名字：父亲常健、伟大父爱、父子情深、父子连心。

八、工作分工

1. 总策划：×××。

（1）负责制订“父亲节”整体促销策划方案，讲解方案的核心与细节，协调整合资源。

（2）做活动总动员，并为活动造势。

（3）监督指导各部门对方案的贯彻落实情况。

（4）写作与整理图片和短文。

（5）跟进、检查与落实所有相关工作。

2. 方案负责人：×××、×××、×××。

（1）动员管理人员和全体员工加入到父亲节活动中来，积极地出主意、献点子。

（2）征集温馨语句、文章以及父亲节特制菜品的名称。

（3）每天在例会上通报父亲节活动进展情况。

（4）制定父亲节免费套餐菜单。

3. 后勤保障：×××、×××、×××。

（1）负责购买电话卡、相框、POP用纸张、彩笔、双面胶、胶带等相关物品。

（2）负责相关资料的打字、复印、喷绘、印刷。

（3）负责照相、洗相片和邮寄。

（4）购买《常回家看看》《父亲》等光盘或下载这些歌曲。

（5）负责协助礼品的发放工作。

九、经费预算及广告策划

（略）。

随手札记

【范例 5-17】

××餐厅端午节促销方案

一、活动背景

（略）

二、活动目的

为刺激亲情消费，提升餐厅知名度，让顾客更加了解××餐厅，增进顾客对餐厅的忠诚度和信任度，特举办本次端午节促销活动。

三、活动时间

6月9～16日。

四、活动主题

××亲情本地粽，××异域风情颂。

五、活动内容

1. 品牌粽子礼盒

（1）××亲情粽：___元/盒（四个粽子+红酒一瓶+红酒开瓶器一个）。

（2）和谐凤凰粽：___元/盒（六个粽子+红酒一瓶+红酒开瓶器一个+20元代金券一张）。

（3）××风情粽：___元/盒（八个粽子+红酒一瓶+红酒开瓶器一个+50元代金券一张）。

2. 特价端午粽子菜肴

名厨推介湘、粤十种不同风味系列的粽子菜肴，具体如下表所示。

端午粽子菜肴价格表

菜名	价格
蜜汁粽香枣	48元/份
荷香蒸粽子	58元/份
椒盐粽子	68元/份
香粽煨排骨	88元/份
粽叶蒸水鱼	88元/500克
粽子炒田鸡	88元/份
干锅粽子鸭	88元/份
粽子腊味煲	88元/份
水鸭焖粽子	98元/份

3. 促销活动组合

（1）啤酒买一送一（指定品牌）。

（2）推出多款有端午节文化特色、适合家庭聚会、精美实惠的“端午团圆宴”。

（3）凡消费超过_____元者送品牌粽（××亲情粽）一盒。

（4）凡购买品牌粽（任意组合）达到_______元者，可获赠代金券一张（价值200元）。

（5）活动期间，凡来本餐厅大厅用餐的顾客，均可获赠散粽子一个、红枣一碟、皮蛋一碟。

（6）活动期间，凡来本餐厅包厢用餐的顾客，均可获赠五子登科一份（红枣、红糖、咸蛋、粽子、桂圆）。

六、宣传推广

（1）餐厅大门口挂一条横幅，内容为：“祝全国人民端午节快乐！”

（2）大堂粽子亭边放一个水牌。

（3）餐厅电梯内张贴广告，内容为端午节优惠活动介绍。

（4）收银台放置宣传单张，供客人参阅及夹报派送。

（5）大厅内放置巨幅POP，内容为餐厅三大品牌粽子价格和优惠措施。

（6）群发短信，预计发10000条，短信内容为：“××餐厅隆重推出礼盒品牌粽：××亲情粽，___元/篮；和谐凤凰粽，___元/篮；××风情粽，___元/篮。各类品牌粽内带红酒一瓶和红酒开瓶器一个。端午节期间（6月9日～16日）优惠多多，惊喜连连！”

七、氛围布置

（1）活动期间，在餐厅大堂设置一个龙舟装饰台，用艾叶和菖蒲、佩香囊作一定的外围装饰，龙舟两边挂满船桨，龙舟内陈列摆放各式粽子，龙舟后面立一块KT板（端午节由来介绍），用于营造端午节文化氛围。

（2）设粽子销售亭一个，名曰“××粽情亭”。粽子亭主营三大品牌粽，兼营雄黄酒、菖蒲、艾草、佩香囊、黄瓜（加糖，袋装，××元/袋）以及五子登科（红枣、红糖、咸蛋、粽子、桂圆，袋装，××元/袋）。

八、工作安排

1. 楼面部

（1）联系购买各品种粽子并制定外卖价格。

（2）负责大堂、中餐厅的氛围营造工作。

（3）针对本次促销活动对部门员工进行培训，准确传达促销政策。

（4）准备团拜食品150份（竹篮、粽子、皮蛋、红糖、咸蛋、红枣、点心、桂圆）。

2. 财务部

（1）配合楼面部完成粽子、龙舟以及“五子登科”原料的购买工作。

（2）负责拟定团拜礼品的领取程序。

3. 促销部

（1）将需要赠送粽子的顾客数量及名单统计列表上报到财务部，依据名单对顾客进行拜访。

（2）配合各部门执行本次促销活动，制作本次活动所需宣传品，如大堂水牌、餐厅电梯广告、餐厅宣传单等。

九、广告费用预算

（略）

随手札记

【范例5-18】

××餐厅七夕情人节促销方案

一、活动背景

（略）

二、活动主题

"穿越七夕夜，遇见更美的你！"

三、活动时间

8月14～16日

四、活动定位

本活动为一次影响力广、吸引人数多、参与门槛低、具有话题性和文化性的七夕促销活动，主要针对20～40岁的中高端消费群体。

五、活动形式

（1）8月14～15日，消费达___元即可获赠___元优惠券，以直接让利的促销形式拉长餐厅热销周期。

（2）8月16日七夕夜晚，利用主题活动引爆全场，扩大餐厅知名度。

六、活动内容

（1）以七夕当天主题活动为主线、前期返券让利促销为辅助，举行为期三天的"穿越七夕夜，寻找更美的你"主题促销活动。8月16日当天，举办"忽然遇见你"单身交友派对及"浪漫回味年"情侣交友派对，凡活动当天交友成功者均可享受餐饮五折优惠。

（2）只要身边有伴侣，均可参加8月16日××餐厅举办的情侣主题派对，凡是夫妻、情侣在七夕当天到餐厅消费，均可获得餐饮五折优惠。

供的免费情侣套餐一份。

七、现场氛围打造

1. 餐厅外围布置

（1）在餐厅入口处设置大型七夕鹊桥门头，借传统七夕鹊桥会的文化习俗增添餐厅的人文格调及节日独特性，以此吸引消费者关注，并力邀当地知名摄影机构联合加入，为每一个来餐厅消费的顾客留下七夕最美的身影。

（2）结合七夕鹊桥门头，布置牛郎、织女特色造型人物模型，不仅从外围环境上增加餐厅的格调与文化，也为消费者照相留念提供契机。

（3）根据七夕促销主题创意设计古香古色的宣传立柱，并贴上"穿越七夕夜，遇见更美的你"活动主题口号。

2. 大厅环境布置

（1）在餐厅大厅及主要过道设置中式灯笼，增添厅内的人文格调。

（2）按照七夕促销主题统一设计宣传吊旗，以创意造型有序布置，用于活动宣传及氛围打造。

（3）根据场地设置摄影照片领取台，进行活动主题造型布置，如签到板、造型纱幔、展架等。

（4）根据餐厅场地进行分区规划设计、舞台创意造型设计等。

（5）根据餐厅场地布置活动当天所需灯光设备、光影表演设备等。

八、活动流程

1. 单身区

单身区的活动流程如下表所示。

单身区活动流程

阶段主题	时间	活动安排
七夕夜美丽留影	17:30～18:30	由迎宾员引导顾客到餐厅入口鹊桥造型处，由专业摄影机构为每位来餐厅的顾客拍照留念，以迅速聚集人气
享特色文艺盛宴	18:30～18:40	主持人开场，介绍活动主要内容及促销优惠措施
	18:40～18:45	3～4人舞蹈开场
	18:45～18:50	独唱加伴舞
七分钟浪漫心跳	18:50～18:55	主持人串词，进入“交友找伴”环节
	18:55～19:02	餐厅渐暗，四周出现闪烁、绚丽的光影艺术效果，营造优雅、神秘的气氛，在场顾客写下期望交友的座号数字
	19:02～19:10	主持人统计在场顾客交友数字配对情况，公布交友结果
七夕夜完美遇见	19:10～19:20	现场演奏音乐，交友成功的顾客开始现场交流
	19:20～19:25	主持人串词，统计交友成功的顾客数量
	19:25～19:30	结束离场，顾客在照片领取处领取照片，工作人员登记顾客信息，以此建立顾客档案

2. 情侣区

情侣区的活动流程如下表所示。

情侣区活动流程

阶段主题	时间	活动安排
七夕夜浪漫留影	17:30～18:30	由餐厅迎宾员引导顾客到餐厅入口鹊桥造型处，由专业摄影机构为每位来餐厅的顾客拍照留念
寻五段完美爱情	18:30～18:40	主持人开场，介绍活动主要内容及促销优惠措施
	18:40～18:45	歌舞表演
	18:45～18:50	主持人串词，进入“寻找五对七夕情侣，讲述五段浪漫爱情”环节
七夕夜浪漫回味	18:50～19:05	主持人串词
	19:05～19:30	现场演奏音乐，顾客在照片领取处领取照片，工作人员登记顾客信息，以建立顾客档案

【范例 5–19】

××餐厅中秋节促销活动方案

一、活动目的

一是为了获得更高的利润；二是为了提升餐厅的外在形象，加深消费者对餐厅的印象。

二、活动主题

“中秋同欢喜，好礼送不停！”

三、活动对象

针对不同人群开展不同的促销活动，有效照应所有类型的消费者。

四、活动时间

9月12～21日。

五、活动形式

打折、赠送、抽奖。

六、活动内容

（1）凡在本餐厅用餐300元以上者，均可享受9折优惠，随桌赠送中秋特别加菜。

（2）凡在本餐厅消费指定系列套餐者，即可获得相应的中秋礼盒。

（3）凡在本餐厅用餐者，均可以参加中秋灯谜有奖竞猜活动，同时可免费得到快照一张。

七、活动宣传

（1）在人流量集中的地方做户外广告，如火车站、公交车站等。

（2）在当地报纸、电视台进行宣传。

（3）发放传单。

八、其他策略

人员调动、餐厅布置等工作都要事前安排好，并制定相关应急措施，同时要做好相关记录总结，为促销评估做好准备。

【范例 5-20】

××餐厅国庆促销活动方案

一、活动背景

（略）

二、活动时间

10月1～7日。

三、活动主题

“暖意国庆——情满黄金周！”

四、活动安排

本次国庆黄金周促销活动主要分为三个篇章：亲情篇、爱情篇、同窗篇。

（一）亲情篇

活动时间为10月1～2日。

营造一种家庭温馨气氛，菜肴以家庭日常菜为主，餐具桌椅都用最朴实的家庭风格。让顾客参与其中，提供个性化的服务，如在聚餐环节以子女名义向父母赠送一份小礼物。

（二）爱情篇

活动时间为10月3～4日。

增设爱情包厢，大堂营业活动照常进行。根据客人需求，包厢里可布置成具有情调的淡黄色、甜蜜的粉红色。最好提供烛光晚餐，让情侣、夫妇在此尽享二人浪漫世界。餐厅提供一些情趣增值服务，如送玫瑰花、给男方提供真情告白机会等。

（三）同窗篇

活动时间为10月5～7日。

增设同学聚会大包厢，人太多也可在大厅举行，包厢里不需要多余装饰。菜肴都提供本地的特色菜，尽一切可能让客人满意。

【范例 5-21】

××餐厅圣诞节促销活动方案

一、活动背景

（略）

二、活动目的

提高××餐厅的知名度，加强与顾客的感情联系，引导周边地区的餐饮消费，取得一定的经济和社会效益。

三、活动时间

随手札记

12月23日～25日。

四、活动主题：

“缤纷圣诞，美食无限！”

五、活动内容

1. 欢庆圣诞，优惠升级

活动期间，凡到本餐厅就餐消费满____元即返____元代金券。

本活动不可与其他优惠同时享用，活动最终解释权归本餐厅所有。返还代金券不可当餐使用，二次消费仅限大厅。

2. 寻找圣诞“福”星

12月24～25日晚19：30，由餐厅负责人抽出圣诞“福星”，抽中的顾客可享受圣诞特别折扣，每日17位幸运顾客，总计34位。

（1）一等奖2位，菜金6.6折。

（2）二等奖5位，菜金8.8折。

（3）三等奖10位，菜金9.5折。

3. 幸运24、25

12月24～25日，凡是年龄在24～25周岁、手机尾号为24或25、生日是12月24或25日、驾驶证尾数是24或25等的顾客，均可获赠精美礼品一份。

4. 狂欢派对，好礼多多

圣诞节期间，更有神秘圣诞老人派发圣诞礼品，好礼多多，惊喜多多。

六、氛围布置

1. 大堂

两侧玻璃幕墙设计制作大尺寸的圣诞造型画面；顶部水晶灯悬挂彩球和麋鹿挂件；中间电梯门制作圣诞拱门；大堂四角布置圣诞树，树上缠绕彩灯；大堂中间靠近吧台位置布置一处圣诞主题景点；大堂顶部悬挂若干关于圣诞主题的小饰品；包间门上张贴圣诞卡通造型贴画。

2. 人员

所有服务人员一律佩戴圣诞帽，并选择一名表现力佳的男性服务人员扮演圣诞老人。

3. 礼品

大量苹果、糖果、巧克力、玩具、圣诞玩偶等。

七、内部宣传

（1）将餐厅节日宣传策划活动的内容通过例会宣讲的形式向员工进行讲解。

（2）对员工进行节日期间语言规范、礼仪礼貌方面的培训。

（3）挑选合适人员扮演圣诞老人，并对其进行适当的培训。

（4）选择合适的背景音乐、电影，以烘托整个餐厅过节气氛。背景音乐如《平安夜》《天使歌唱在高天》《听啊，天使唱高声》《圣诞钟声》等；24日播放电影《全城搜寻圣诞狗》，25日播放电影《飞屋环游记》。

八、广告宣传

（1）通过店面装饰营造圣诞节日气氛，利用圣诞树、圣诞帽等装饰物吸引消费者的注意力。

（2）制作圣诞节日促销宣传展架，放在一楼门厅和大堂进行宣传。

（3）电子屏活动概要宣传。

（4）向现有顾客群发短信，宣传节日促销活动。

（5）在××晚报美食版发布节日促销软文。

【范例 5-22】

××餐厅金秋美食节促销活动方案

一、活动背景

（略）

二、活动目的

通过美食节活动让市民进一步了解××、认识××、喜欢××，从而提升××餐厅的竞争力。

三、活动原则

实惠第一，大众参与，体验鲜、香、酸、辣的××特色菜肴和优质服务。

四、活动卖点

生态野味，与众不同；大众消费，高档享受。

五、活动主题

感受鲜香，人性服务，亲情接待，营造完美的“××金秋美食节”。

六、活动内容

（一）筹备阶段

（1）确定美食节的菜肴品种、价格以及优惠措施。

（2）通过各种宣传手段传递××美食节的目的、原则、卖点、理念、主题等信息，引起市民的关注。

（3）加强对外联络，协调合作关系，解决食品原料来源，确保菜品的原汁原味。

（二）举办阶段

1. 菜肴展示

（1）设置固定的展区，制作成品向顾客展示。

（2）××菜肴的实物艺术形态，××菜肴的文化展示，服务人员的仪表姿态展示。

2. 促销活动

（1）借节日开展促销，免费赠送酒水；举办现场抽奖活动，给顾客多重惊喜、意外收获。

（2）在××美食节期间，对消费者一律实行8.8折的价格优惠。

七、其他

（1）广告宣传费用：横幅6条，每条____元；传单2000张，每张____元；其他媒体宣传费用____元。

随手札记

（2）增添设备费用：展台约___元，餐具____元，打包盒、打包袋____元。

（3）抽奖奖品费用_____元，设一、二、三等奖。

（4）菜肴原材料费用另计。

七、年度绩效考核

每个月月底，楼面经理在人力资源部的配合下，对楼面部员工进行考核，并将考核记录在案，具体内容可见本书第三章相关内容。楼面经理对他们的年终考核可参考月度考核结果。

表5-3 年度绩效考核统计表

部门名称： 考核年度： 年

姓名	岗位	月度绩效分												年度绩效分
		1	2	3	4	5	6	7	8	9	10	11	12	

制表人/日期： 审批/日期：

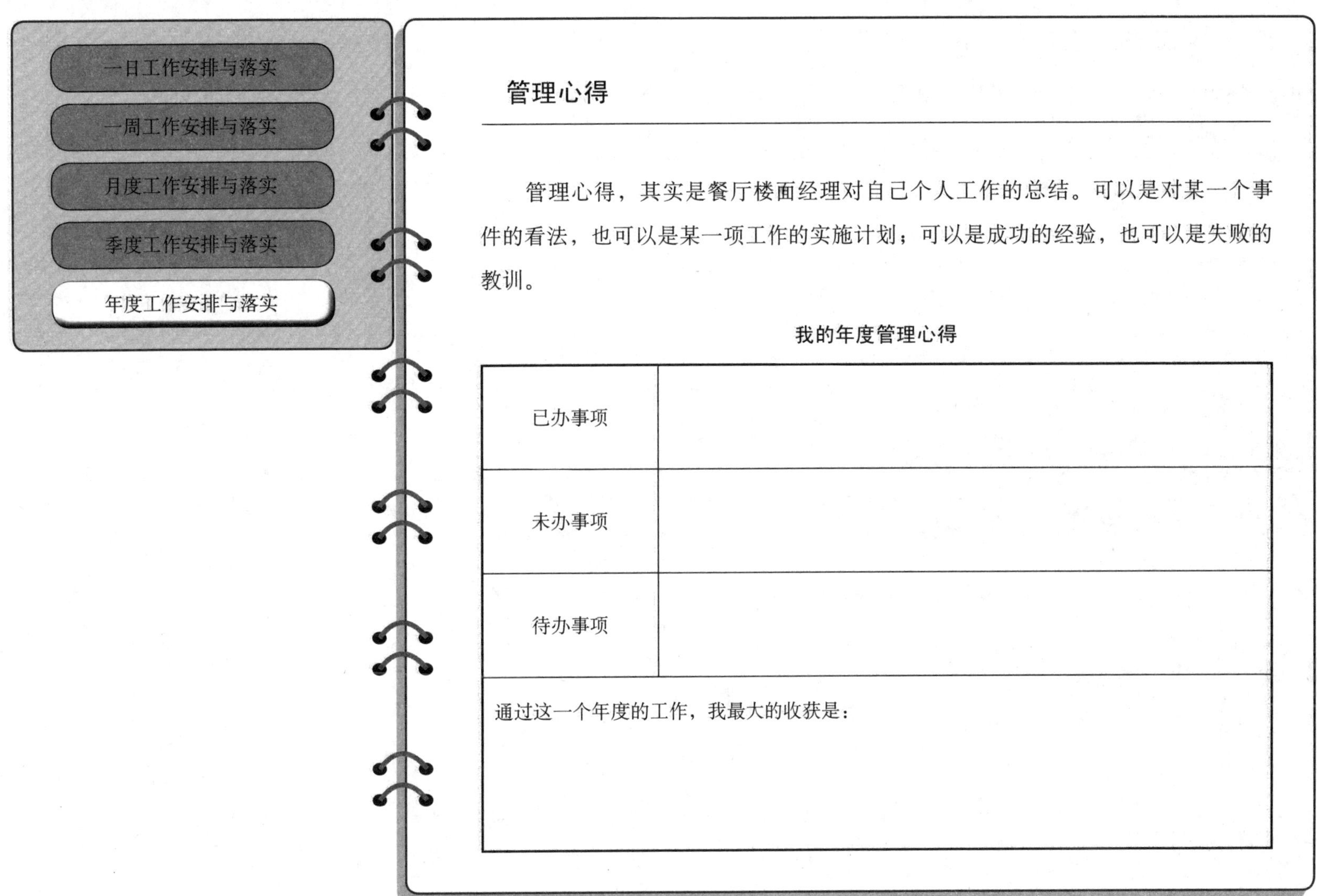

管理心得

管理心得，其实是餐厅楼面经理对自己个人工作的总结。可以是对某一个事件的看法，也可以是某一项工作的实施计划；可以是成功的经验，也可以是失败的教训。

我的年度管理心得

已办事项	
未办事项	
待办事项	
通过这一个年度的工作，我最大的收获是：	

成功经理人工作手册（服务业·制造业1～20册）

◆人力资源经理成长同步指引
◆生产经理成长同步指引
◆品质经理成长同步指引
◆采购经理成长同步指引
◆行政经理成长同步指引
◆仓库主管成长同步指引
◆物控经理成长同步指引
◆财务经理成长同步指引
◆外贸经理成长同步指引
◆销售经理成长同步指引
◆客服经理成长同步指引
◆技术经理成长同步指引

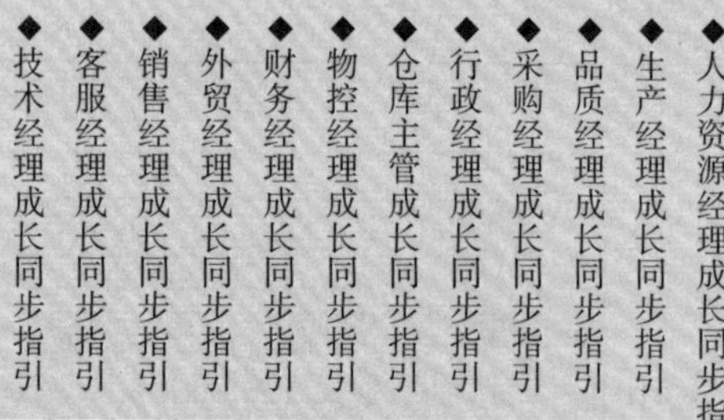

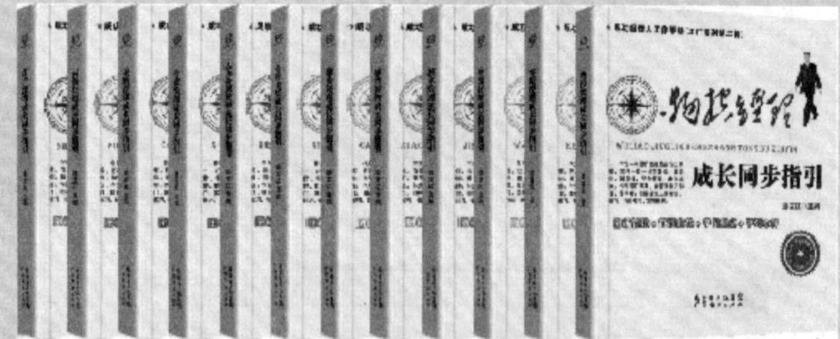

◆酒店餐饮经理成长同步指引
◆酒店客房经理成长同步指引
◆酒店前厅经理成长同步指引
◆酒店财务经理成长同步指引
◆酒店营销经理成长同步指引
◆连锁酒店店长成长同步指引
◆商场（超市）店长成长同步指引
◆物业公司经理成长同步指引

成功经理人365天管理笔记（服务业·制造业1～30册）

◆酒店餐饮经理365天管理笔记
◆酒店客房经理365天管理笔记
◆酒店前厅经理365天管理笔记
◆酒店财务经理365天管理笔记
◆酒店营销经理365天管理笔记
◆连锁酒店店长365天管理笔记
◆商场（超市）店长365天管理笔记
◆物业公司经理365天管理笔记
◆汽车4S店店长365天管理笔记
◆汽车美容店店长365天管理笔记
◆餐厅楼面经理365天管理笔记
◆便利店店长365天管理笔记
◆婚纱影楼店长365天管理笔记
◆服装店店长365天管理笔记
◆房地产中介门店店长365天管理笔记
◆家居建材门店店长365天管理笔记
◆物业安保队长365天管理笔记
◆物业管理处主任365天管理笔记

◆生产经理365天管理笔记
◆品质经理365天管理笔记
◆采购经理365天管理笔记
◆行政经理365天管理笔记
◆人力资源经理365天管理笔记
◆仓库主管365天管理笔记
◆安全主任365天管理笔记
◆客服经理365天管理笔记
◆销售经理365天管理笔记
◆财务经理365天管理笔记
◆物控经理365天管理笔记
◆班组长365天管理笔记